성교육 시간에도 알려 주지 않는

십대를
위한
사랑 인문학

LIEBE IN ECHT
written by Mara Andeck and illustrated by Constanze Guhr
Boje Verlag in the Bastei Lübbe AG
ⓒ 2014 by Bastei Lübbe AG, Köln
All rights reserved
Korean Translation Copyright ⓒ 2016 by Urikyoyuk Co., Ltd.
This Korean Edition was published by arrangement with Boje Verlag
in the Bastei Lübbe AG, Köln through Bruecke Agency, Seoul.

성교육 시간에도 알려 주지 않는

십대를
위한
사랑 인문학

마라 안데크 지음
콘스탄체 구어 그림
정지현 옮김

우리교육

두 사람이 한 사람보다 나음은
혹시 그들이 넘어지면 하나가 다른 하나를 붙들어 일으킬 것임이라.
또 두 사람이 함께 누우면 따뜻하거니와
한 사람이면 어찌 따뜻하랴.

전도서 4장 9절~12절

사랑이란 뭘까?

1848년 4월 10일 스코틀랜드에서 일어난 일이다. 미술 비평가 존 러스킨은 떠들썩한 피로연을 끝내고 결혼 첫날밤을 맞았다가 소스라치게 놀랐다. 너무 놀라서 남은 평생 성욕이 싹 사라질 정도였다. 러스킨이 경악한 원인은 신부 에피의 벌거벗은 모습이었다. 더 정확히 말하자면, 에피의 음모를 보고 놀란 것이다.

존 러스킨은 그 자신도 털이 많았다. 풍성한 긴 머리에 얼굴도 수염으로 덮였다. 따라서 러스킨이 원래부터 털을 꺼렸다고 생각하긴 어렵다. 하지만 이 스물아홉 살 남자는 이 순간까지 여인의 나체를 박물관에서만 보았다. 그곳에서 본 고대 조각상들은 온몸이 대리석처럼 하얗고 매끈하며 털도 없었다. 에피는 그렇지 않았다. 성교육 책이 있었다면 존 러스킨이 이런 곤란에 빠지진 않았을 텐데 안타까운 일이다. 물론 에피도 마찬가지로!

오늘날엔 다르다. 벌거벗은 사람이 어떻게 생겼는지는 누구든 자라면서 어느 순간 알게 된다. 그러기 싫어도 피할 수가 없다. 아이들은 유치원만 들어가도 아기가 어떻게 생기는지 알게 된다. 그리고 학교에서 읽기를 배우는 대로 청소년 잡지와 인터넷을 통해 지식욕을 맘껏 충족한다. 어쩌면 학생이 이쪽 방면에선 오히려 교사를 가르칠 수도 있을 것이다. 따라서 성교육 책은 오늘날 많은 십 대에게 별로 쓸모가 없다. 그런 까닭에 이 책도 성교육을 목표로 삼지 않았다.

이 책에 어떤 내용을 담았을까

우리는 오늘날 성교육은 받지만, 사랑에 관해서는 그렇지 못하다. 적어도 수업에선 사랑에 관해 유치원과 학교에서 배우는 것이 별로 없다. 그리고 안타깝게도 사랑이란 문제에선 실제 삶도 좋은 교사가 돼 주지 못한다. 잘못될 때가 너무나도 잦다. 부모가 싸우고, 이혼하고, 새 짝을 구하고, 새 짝과도 다시 또 싸워 댄다. 결코 배우고 싶지 않은 모습이다. 하지만 자신의 삶에서도 사랑에 대한 기대는 곧잘 어긋난다. 결국 모범은 없고 자신의 경험도 희망을 주지 못한다. 어떻게 해야 할까?

사랑이란 단어를 구글에서 검색해 보면 거의 3억 건이 넘는 검색 결과가 나

사랑에 관한 과학 지식
재밌는 이야기
그래픽과 그림
물론 섹스에 대해서도
그리고 로맨스도
격언
인용구
쪽수, 제목, 기타 등등

온다. 너무 많아서 혼란스러울 정도다. 그러다가 정말 갑자기 사랑을 마주하게 되면 옛날 존 러스킨이 에피의 모습을 보고 그런 것처럼 당황할 수 있다. 사랑도 고대 조각상처럼 매끄럽고 깨끗하지 않기 때문이다.

이 책은 앞으로 이런 질문들을 다뤄 보려 한다. 올바른 짝은 어디에서 찾을까? 그리고 올바른 짝인지 아닌지는 어떻게 알 수 있을까? 유유상종이란 모토를 따를까? 아니면 상극 끼리 끌린다는 말이 맞을까? 상대의 관심은 어떻게 끌까? 도움이 되는 비결이나 묘약이 있을까? 지금의 상대가 진정한 사랑인지 어떻게 알 수 있을까? 그리고 사랑이 문득 끝나 버리면 어떻게 해야 할까? 끝나 버린 사랑을 되돌릴 수 있을까? 그럴 수 없다면 그것은 처음부터 진정한 것이 아니었을까? 아니면 무언가를 잘못한 것일까?

이 책에선 연인들이 경험담을 늘어놓지 않는다. 누구를 어떻게 사랑해야 한다고 충고하지도 않는다. 이 책은 과학자들이 사랑에 대해 알아낸 사실을 한데 모았다. 중요한 연구 결과로 일상에 도움을 주고 재밌는 연구 결과로 웃음을 주려는 것이다. 과학자들에 따르면 웃음은 얼굴 근육뿐 아니라 생각도 이완하게 해 준다. 따라서 많이 웃는 사람은 자신의 문제도 잘 해결할 수 있다. 그뿐만 아니라 잘 웃는 사람은 애초에 문제도 적다! 웃음은 호감과 성공과 건강과 아름다움을 선사하고, 따라서 충만한 연애 생활에 큰 도움이 된다.

그런데 과연 정말로 그럴까? 이 자리에서 잠깐 철학적인 문제를 짚고 넘어가 보자. 차근차근 잘 읽어 볼 것!

사랑에 관한 책은 누가 읽을까

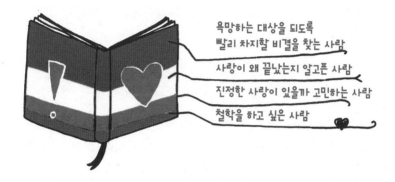

욕망하는 대상을 되도록
빨리 차지할 비결을 찾는 사람

사랑이 왜 끝났는지 알고픈 사람

진정한 사랑이 있을까 고민하는 사람

철학을 하고 싶은 사람

싫어도 피해 갈 순 없다. 이 책의 도움을 받으려면 읽기 전에 미리 머리를 덥혀 놓아야 하니까. 그러니까 책을 덮지 말고 계속 읽을 것!

우리가 개미라고 한번 가정해 보자. 그러면 세상이 다르게 보일 것이다. 정확히 말하자면 우리는 색맹일 테니 흑백으로 보일 것이다. 하지만 그렇다고 해서 슬퍼할 일은 없다. 색이란 존재 자체를 아예 모를 테니까. 다른 어떤 개미에서도 빨강, 파랑, 노랑, 초록 이야기를 들어 본 적이 없다. 보지도 못하고 아무도 말해 준 적 없는 것을 신경 쓸 이유가 있을까?

　그런데 '말하다'는 여기서 적당한 단어가 아니다. 개미는 서로 말하지 않는다. 그것은 전혀 불가능하다. 그 대신 온몸에 냄새 샘이 있어서 알릴 것이 있을 때 알맞은 분비물을 분비한다. 그러면 다른 개미들이 냄새를 맡고 우리의 생각을 알 수 있다.

　우리는 또 결코 웃지도 못한다. 그렇지만 기분이 최고일 때 즐거운 냄새를 내뿜을 순 있다. 그런데 그것이 우리에게 꼭 건강한 일일까? 그처럼 즐거운 기분을 풍기면 다른 개미를 짜증 나게 만들 수도 있다. 부지런히 일하는 데 방해되기 때문이다. 어쩌면 일개미들에게 따돌림 당해 개미 나라에서 쫓겨날지도 모른다. 그러니까 우리가 개미라면 이른바 웃음이 건강에 온전히 해로울 수도 있다. 그렇다면 세상을 어떻게 인지하는 쪽이 진짜일까? 삶을 보는 인간의 방식일까, 세상을 냄새 맡는 개미의 방식일까?

　이 예에서 볼 수 있듯이, 언제나 모두에게 유효한 절대적인 진리는 없다. 물론 중력의 법칙이나 몇몇 다른 자연법칙은 개미에게도 유효할 것이다. 하지만 이른바 '진리' 대부분은 세상의 모든 인간에게 유효하지 않으며, 모든 상황에 통용되지도 않는다.

　웃음이란 예로 돌아가 생각해 봐도 알 수 있다. 과학자들은 웃음이 호감을 준다고 밝혀냈지만, 시끄러운 웃음이 반감을 사는 경우도 잦다. 심지어 웃음은 애정 생활을 위기로 몰아넣기도 한다. 예컨대 존 러스킨이 결혼 첫날밤에 신부를 보고 웃었다면 상황은 최악으로 치달았을 것이다. 아니면 유튜브에 'My waffle wedded wife'란 제목으로 올라온 결혼식 영상을 예로 들어 보자. 신랑이 결혼서약을 하다 발음이 꼬이자 신부가 쓰러질 듯 웃는 모습을 볼 수 있다. 영상 속 신랑은 의젓함을 지켰지만 그럴 남자가 과연 많을까?

따라서 이 책을 읽는 사람은 다음과 같은 점을 언제나 생각해야 한다.

1. 연구가 다 옳은 것은 아니다. 과학자도 틀릴 수 있다. 그들은 옛날엔 지구가 원반 모양이라고 이해했다. 얼마 뒤엔 태양에 사람이 산다고 주장했다. 약 120년 전엔 사람이 증기 기관차를 타고 시속 15km 이상으로 쏜살같이 달리면 시력을 잃을 수도 있다고 계산했다. 오류는 인간의 특성이다.

2. 연구가 옳더라도 다 중요한 것은 아니다. 예를 들어 물리학자들은 최근에 '라푼젤 공식'을 발견했다. 머리카락의 굵기와 탄력과 곱슬거리는 정도를 안다면 머리를 한데 묶었을 때 모양이 어떻게 나올지 산출할 수 있다는 것이다. 여기선 과학이 틀리지 않겠지만 그렇다고 해서 이 발견이 세상을 바꾸

진 못할 것이다. 조금 더 솔직하게 말하자면 이렇게 말할 수도 있다. 그딴 거 누가 알고 싶대?

　　3. 사랑에는 점검 목록이 따로 없다. 과학자들이 알아낸 것을 모두 지킨다 해도 사랑에 성공하리란 보장은 없다. 우선 사랑은 지극히 일부만 과학적으로 연구되었기 때문이다. 또한 사랑처럼 복잡한 주제에선 과학도 한계가 있기 때문이다. 그렇지만 이런 연구 결과를 잘 안다면 어느 정도 도움은 된다. 사랑이란 주제를 한번 다른 시각에서 바라보고, 거기에서 자신만의 생각을 만들어 낼 수가 있다. 따라서 이 책을 읽을 때 중요한 것은 스스로 생각하는 것이다! 그리고 나선 직접 사랑을 해 볼 것!

덧붙여 말하면, 감정에 관한 문제에서 성별은 의미가 없다. 남자아이의 사랑은 여자아이와 다를 바 없다. 남자와 여자는 흔히 다르게 길러지고, 그 때문에 이따금 서로 다르게 행동하는 것뿐이다.

연인의 성별이 어떻게 조합되는지도 상관없다. 남자와 남자, 여자와 여자, 남자와 여자. 감정에 관한 문제라면 조합은 중요하지 않다. 누구를 사랑하든 사랑은 사랑이니까.

차례

사랑이 시작되다

"사랑은 좁은 뜻으로 보면 사람이 다른 사람에게 느낄 수 있는 가장 강한 호의를 부르는 명칭이다."

위키피디아에 이렇게 적혀 있다. 그리고 이 인터넷 백과사전에 따르면 사랑에는 많은 종류가 있는데, 예컨대 부모와 형제자매에 대한 사랑이나 친구에 대한 사랑이 있다. 하지만 그런 것은 이 책의 주제에서 벗어난다. 이 책에서 사랑이라고 하면 언제나 특수한 경우를 뜻한다. 바로 짝에 대한 사랑이다. 우리의 일상과 생각, 정과 꿈을 함께 나누고픈 사람에 대한 사랑. 몸과 마음을 다 바쳐서. 뭐라고 부르든 간에 말이다.

그런데 이 특수한 사랑은 어떤 점이 다를까? 이 사랑에서 중요한 요소는 무엇일까? 두 사람 사이의 공통점? 차이점? 신뢰? 섹스? 정절? 결혼반지와 아이?

LOVE

Amore

AMOUR

Kærlighed

Rakkaus

ELSKA

Miłosć

Aşk

사랑은 처음에 어떻게 시작됐을까?

어떤 학자들은 사랑이 그저 낭만적인 허구일 뿐이라고 주장한다. 사람은 털가죽만 없을 뿐 어쨌든 동물이기 때문에 유전자와 호르몬의 조종을 받는다는 것이다. 이 이론에 따르면 우리가 일상적으로 사랑이라 부르는 것은 장밋빛으로 미화된 생식 본능에 불과하다. 이런 견해를 뒷받침하기 위해 학자들은 석기 시대로 거슬러 올라가곤 하는데, 인간의 유전자는 바로 그때 확립된 것으로 보이기 때문이다.

석기 시대에 사랑이 생겨난 과정은 주로 이렇게 설명된다. 수백만 년 전에 우리 조상은 숲 속에서 초원 지대로 나왔다. 그리고 높이 자란 풀 너머로 적을 잘 엿보기 위해 언젠가부터 뒷다리로만 걷기 시작했다. 하지만 단점도 따라왔다. 여자가 아이를 등에 태우고 다닐 수 없게 된 것이다. 아이를 팔로 안아야 했기 때문에 손을 마음대로 쓸 수 없었다. 그런 채로 어떻게 사냥하고 싸운단 말인가? 불가능하다! 원시 시대 여인과 그 자식에겐 남자를 골라서 단단히 붙들어 놓을 필요가 생겼다. 남자가 곁을 지키면서 사냥과 싸움을 대신 떠맡도록 말이다. 석기 시대 남자에게도 그것은 이득이었다. 온 무리를 위해 뼈 빠지게 일하는 대신 단 한 명의 여자만 책임지면 됐기 때문이다. 그렇게 그들은 많은 스트레스를 덜었다.

따라서 그 시절엔 둘이서 힘을 뭉쳐 아이를 기르는 남녀가 외톨

이보다 생존 기회가 높았고 많은 자식을 무사히 길러낼 수 있었다. 그리고 그렇게 무사히 자라난 자식들이 이런 행동을 다음 세대로 계속 물려주었고, 그 과정에서 인간의 사랑과 파트너 관계가 비롯되었다고 한다.

그런데 그 시절에도 아이가 네 살이 되면 걸을 수 있었을 테니, 그 기간이 지나면 짝은 다시 갈라져서 새로운 관계를 맺었다고 한다. 적어도 몇몇 학자는 그렇게 주장한다. 그 때문에 우리 인간의 유전자가 4년 주기 리듬에 맞춰졌으며 오늘날 이혼율이 결혼 4년 차에 가장 높은 것도 그런 까닭이라고 그들은 믿는다. 오늘날에도 우리 유전자는 사랑과 행복 대신 오로지 후손을 길러내는 것만이 중요하다고 인식한다고.

하지만 이 과감한 주장은 아무런 증거가 없다. 석기 시대는 기록이 남아 있지 않기 때문이다. 그 시절엔 아무도 글로 적어 두거나 몰래 촬영하거나 핸드폰 사진을 찍지 않았으니까.

그리고 '4년 주기 리듬'은 근거도 없다. 오늘날 연인들은 대개 얼마 동안 미리 사귀다가 결혼하기 때문이다. 그런데도 우리의 유전자 시계가 꼭 결혼식장에 들어서는 순간부터 카운트다운을 시작해야만 할까?

다른 반증도 있다. 과학자들이 사랑하는 사람들을 MRI 스캐너에 넣어 보았다. 이 기계는 뇌의 활동을 촬영할 수 있다. 열심히 일하는 뇌 부위는 덜 쓰이는 부위보다 산소가 더 필요한데 그것을 기계가 시각적으로 보여 준다. 실험 참가자들에게 연인의 사진이 제시되었다. 그 결과 20년 이상 함께 살아온 많은 커플도 이제 막 사랑에 빠진 이들과 똑같이 '열애를 담당하는 뇌 부위'가 빛났다. 그러니까 20년이 지나서도 여전히 첫날처럼 서로를 사랑한 것이다.

석기 시대 사람들의 이상형이 궁금해!

우리가 선조들의 연애 생활과 관련하여 정말로 아는 것이 무엇일까? 엄밀히 말하자면, 아무것도 모른다!

세계에서 가장 오래된 미술품은 매머드 상아와 돌로 만든 조그만 여인상들이다. 우리의 선조가 약 35000년 전에 조각한 것이다. 여인상은 다들 지나치게 가슴이 커다랗고 배가 거대하며 다리가 튼튼하다. 그렇다고 해서 당시 여자들이 그렇게 생겼다거나 석기 시대 남자들이 그런 '슈퍼우먼' 취향이었다는 뜻은 아닐 거다. 만든 사람이 누구인지, 남자인지 여자인지 아무도 모르니까 말이다. 모델이 누구며 어떤 목적으로 만들었는지도 모른다. 남자들의 이상형을 돌로 새긴 것일까? 임신한 진짜 여자일까? 다산의 여신일까? 혹시 여자들의 이상형일까? 석기 시대 여인들은 그렇게 생기고 싶었을까? 그런 것을 아름답다고 생각했을까? 결코 알 수 없는 노릇이다.

확실한 것은, 사람 모양을 한 태곳적 돌 조각상이 거의 모두 여인상이란 것이다. 아마도 석기 시대 사람들은 아이를 낳는 까닭에 여자를 더 흥미롭게 생각한 모양이다. 남자도 번식에서 중요한 역할을 한다는 것은 몰랐을 것이다. 그 때문에 여자를 특별히 주목하고 숭배했을 것이다.

이런 추측은 몇 천 년이 지나자 남자 인물상도 불쑥 등장했다는 사실이 뒷받침한다. 그 시점은 인간이 처음으로 정착해서 가축을 기르기 시작한 시기와 대략 일치한다. 그러니까 씨가축을 보면서 자연이 수컷을 창조한 목적을 깨닫게 되었고, 요술 지팡이가 달린 이런 놀라운 존재를 이제 예술 작품으로 영원히 남기고 싶었을 것이다.

얼마 뒤엔 인류 역사에서 아마도 최초일 '춘화'가 태어났다. 프랑스 라마르슈에 있는 어느 동굴에서 태곳적 동굴 벽화가 다수 발견되었는데, 그중에는 무려 섹스하는 남녀를 그린 스케치도 있었다. 그것은 약 15000년쯤 되었다.

그런데 두 사람은 서로 사랑했을까? 아니면 그저 번식 행위였을까? 그림만 봐선 알 수 없다.

여담이지만 라마르슈 동굴의 그림은 한동안 가짜로 오해받았다. 공책에 끼적인 낙서처럼 생겼기 때문이다.

하지만 정말로 진짜다. 어떤 고고학자는 이 그림들이 청소년의 작품이고 오늘날 그라피티의 선구자 같은 것으로 추측한다. 그러니까 그곳에서 15000년 전에 여드름투성이 십 대들이 호르몬에 취해 낄낄거리며 동굴 벽에 낙서했을 수도 있다. 그리고 오늘날 우리는 그 앞에 서서 그림에 어떤 뜻이 담겼는지 고민하는 것이다.

사랑의 시작은 호르몬에서?

그래서 진정한 사랑이 있다는 말일까?

동굴 주민의 연애 생활에선 답을 찾지 못했지만, 생화학자의 실험실을 엿보면 도움이 될지도 모르겠다. 일부 생화학자도 사랑을 낭만적인 동화로 보기 때문이다. 그들의 생각에 따르면 짝짓기는 케미가 맞아야 이루어지며 다른 것은 중요하지 않다. 즉 인간의 경우 짝짓기는 다음과 같이 일어난다.

인간 수컷이 땀을 흘리면 그 안에 있는 방향 물질이 배란기의 가임 암컷을 유혹한다. 그러면 인간의 암컷은 냄새로 순전히 유전자 차원에서 자신과 가장 잘 맞는 수컷을 찾아낸다. 유전자 조합이 건강한 후손을 낳는 데 알맞다면 뇌에서 화학적인 연쇄 반응이

시작된다. 수컷과 암컷은 갑자기 행복 호르몬인 도파민을 쏟아내는데, 그러면 흔히 말하듯 뱃속에서 나비가 날아다니는 기분이 든다. 동시에 뇌에서 세로토닌 수치가 떨어지고, 그러면 이제 양쪽은 오로지 욕구의 대상만을 생각하게 된다. 세로토닌이 부족해지면 강박적인 집착이 강해지기 때문이다. 사랑에 새로 빠진 친구와 이야기할 때 친구의 연애 상대 말고 다른 주제는 꺼내지도 못한 경험을 해 봤다면 여기서 강박적인 집착이란 말이 무슨 뜻인지 잘 알 것이다. 이 단계에선 스트레스 호르몬인 아드레날린도 연인의 혈관을 돌아다니면서 정열에 불을 붙이고 피를 끓게 한다. 그로써 또 다른 호르몬이 분비되는데, 바로 테스토스테론이다. 그러면 이제 양쪽은 단 하나만을 원하게 된다. 섹스.

그렇게 두 사람이 서로에게 달려들어 옷을 벗고 후손을 만들어 내는 데 힘을 쏟는 동안, 뇌는 오르가슴 단계에서 다음 호르몬을 분비하는데, 바로 옥시토신이다. 옥시토신은 섹스를 끝낸 두 사람을 다정한 분위기로 옮긴다. 이제 두 사람은 서로에게 장밋빛 사랑을 느끼고, 삶이 끝날 때까지 헤어지지 않으리라 다짐하며, 벌써 아기 이름까지 지어 본다. 그리고 그들이 죽지 않는 한 오늘도 호

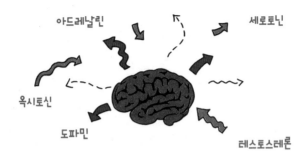

르몬이 몸 안을 흘러 다니고, 그렇게 그들은 늙어 시들 때까지 번식한다.

이것이 정말 맞을까? 우리가 느끼는 사랑은 순전히 호르몬이 조종한 것일까? 가만히 생각해 보면 금세 의심이 든다. 엄밀히 말하자면 처음 만나 탐색을 벌인 뒤 곧바로 격정적인 사랑에 빠져 서로에게 달려드는 사람은 드물기 때문이다. 그리고 솔직히 말해서, 번식하려고 섹스하는 사람이 누가 있을까? 오늘날엔 번식을 막으려고 피임하는 사람도 많은데 말이다. 앞뒤가 맞지 않는다.

따라서 호르몬 문제는 앞서 설명한 대로 그렇게 단순하지 않다.

뇌에서 나오는 신경 전달 물질이 인간의 행동에 영향을 미친다는 것은 실제로 증명된 사실이긴 하다. 하지만 그 영향을 예측하기란 굉장히 어렵다. 친밀감 호르몬인 옥시토신을 예로 들어 보자. 옥시토신은 여러 나라에서 코에 뿌리는 스프레이 형태로 살 수 있다. 스프레이를 뿌리면 남자나 여자나 편안하고 행복한 친밀감에 빠지고 섹스도 더 멋지게 즐길 수 있다고 실험으로 증명되었다. 게다가 옥시토신은 정절 호르몬이라는 흥미로운 부작용으로 화제를 모으기도 했다. 실험에 참여한 남자들이 아무 여자에게나 끌리지 않고 자신의 짝과 더 가까워지길 바랐다. 그리고 연애 문제에 대해 의견을 나눌 때도 스프레이를 적당량 뿌리면 그러지 않았을 때보다 이야기가 평화롭게 풀리곤 했다. 질투와 싸움과 이별을 코 스프레이로 간단히 막을 수 있다면 얼마나 멋진 일일까!

하지만 두 가지 문제가 있다. 또 다른 연구에선 옥시토신 때문에 실험 참가자가 낯선 사람에게 공격적으로 변할 때가 있었다. 심지어 불안과 의심이 심해지는 참가자도 있었다. 프레리 들쥐에게 시험해 본 결과, 옥시토신을 오래 쓰면 역효과가 일어나기도 했다. 수컷 들쥐들이 갑자기 바람이 난 것이다. 뇌가 스프레이에서 나오는 호르몬에 적응이 되면 스스로 생산하는 옥시토신 양을 줄이는 것으로 보인다. 따라서 자체적인 호르몬 시스템엔 개입하지 않는 편이 좋다.

어차피 그런 식으로는 진정한 사랑을 불러일으키지 못한다. 지금도 그렇고 미래에도 그럴 것이다. 적어도 많은 심리학자가 그런 입장이다. 감정엔 두 가지 종류가 있다는 사실을 알아냈기 때문이다. 호르몬을 투입해서 마치 스위치를 켜듯 만들어 낼 수 있는 감정이 있다. 불안, 스트레스, 분노, 슬픔 등이 그렇다. 이것은 기본 감정으로, 인간뿐 아니라 다른 생물체도 느낄 수 있다. 하지만 사랑은 훨씬 복잡한 감정에 속한다. 사랑은 우리 유전자에 박혀 있지도, 호르몬으로 야기되지도 않는다. 굉장히 복잡한 감정 혼합물인 '사랑'은 수많은 기본 감정으로 조립되는 까닭이다. 게다가 아주 중요한 사실인데, 사랑을 하려면 이성이 필요하다. 우리가 정말로 사랑하기 위해선 자기 자신과 자신의 감정을 직관적으로 평가하고 분류해야 하며, 곰곰이 생각하고 결정해야 한다. 그리고 그러려면 인생 경험과 개인적인 연애 경험이 필요하다. 다양한 경험은 코 스프레이 형태로 존재하지 않는다.

사랑엔 이 모든 감정이 있다.

손가락만 봐도, 연애 스타일이 보인다

호르몬이 없으면 우리 몸은 아무것도 못 하지만 호르몬의 작용에 대해선 아직 연구가 부족하다. 그래도 이 분야에서 많은 추측이 제기되고 있고 그중에서 어떤 결과는 어느 정도 진실을 담고 있을 것이다. 물론 아닐 수도 있다.

예를 하나 들어 보자. '손을 보여 주면 당신이 바람둥이인지 아닌지 맞혀 볼게요!' 이런 말은 대개 점쟁이 몫이지 과학자가 할 말은 아니다. 하지만 리버풀 대학교의 고고학자인 엠마 넬슨은 바로 이렇게 말한다. 원숭이나 석기 시대 인류나 현재 사람들의 손가락뼈를 보면 단 하나의 짝에 충실한 성향인지 닥치는 대로 집적대는 성향인지 알 수 있다는 것이다.

여기서 중요한 것은 둘째와 넷째 손가락의 길이다. 과학자들은 이 두 손가락을 보면 우리가 어머니 배 속에 있는 동안 남성 호르몬과 여성 호르몬에 얼마나 강하게 노출되었는지 알 수 있다고 오래전부터 추측해 왔다. 즉 사람은 누구나 피속에 남성 호르몬과 여성 호르몬이 있는데, 특정한 임신 단계에서 어머니의 피 속에 남성 호르몬인 테스토스테론이 많으면 아기의 넷째 손가락이 더 강하게 성장한다는 것이다. 반대로 여성 호르몬인 에스트로겐이 많으면 둘째 손가락이 성장한다.

따라서 엠마 넬슨은 이런 결론을 내렸다. 남성 호르몬인 테스토스테론을 많이 받으면 넷째 손가락이 길어지는데, 그런 사람은 장차 살아가면서 적극적이고 공격적이며 성생활에 능동적이 된다. 그렇게 되면 많은 상대와 연애할 가능성이 크다. 반면에 둘째와 넷째 손가락의 길이가 같은 사람은 정절을 지키고 평화롭게 행동한다.

침팬지는 짝을 자주 바꾸는데, 넷째 손가락이 더 길다. 하지만 충실히 짝을 지키며 사는 긴팔원숭이와 오랑우탄은 둘째와 넷째 손가락의 길이가 비슷하다. 원시인의 경우엔 양상이 제각각이다. 우리의 머나먼 조상은 이 명제에 따르면 정절이 없었다. 넷째 손가락이 긴 모습으로 발견되기 때문이다. 하지만 원숭이와 인간의 공통된 선조인 오스트랄로피테쿠스는 이 이론이 옳다면 안정되게 짝을 이루며 살았다. 먼 옛날 최초의 호모 사피엔스는 손가락 길이가 다양했다. 그러니까 가족 형태도 다양했을지 모른다.

그럼 요즘 사람은? 많은 남자가 둘째보다 넷째 손가락이 길다. 따라서 이 이론이 옳다면 정절이 없는 편일 것이다. 하지만 손가락 길이가 '남성적인' 여자도 있고 반대로 둘째와 넷째 손가락의 길이가 비슷한 남자도 있다.

그렇다면 우리는 여기서 무엇을 알 수 있을까? 아무것도 없다. 이런 연구 결과는 논란이 많다. 하지만 어떤 과학자들은 현재에도 넷째 손가락이 긴 사람이 더 적극적이고 힘차며 성생활에 능동적이고 수학에 뛰어나다고 믿는다. 그리고 둘째 손가락이 긴 사람은 말을 잘하고 평화로우며 정절을 지킨다고 생각한다.

한번 재 보고 싶은 사람은 손바닥을 위로 뒤집어 보자. 손가락 밑 주름에서 손가락 끝까지 길이를 잰 다음, 둘째와 넷째 손가락의 길이를 비교하면 된다.

넷째 손가락이 길지만 수학 성적이 형편없는 사람이라면 적어도 한 가지는 확실히 알 수 있다. 누군가 틀린 것이다. 과학자가 틀렸거나 수학 선생님이 틀렸거나.

사랑의 3요소

　행복한 사랑엔 어떤 것이 필요할까? 사람들은 저마다 나름대로
생각이 있다. 하지만 심리학자들이 밝혀낸 바에 따르면, 인간은 세
계 어디에서 살든 나이가 몇이든 상관없이 가장 중요한 점에선 생
각이 일치한다. 행복한 애정 관계라면 마땅히 세 가지 요소로 이
루어져야 한다. 바로 열정, 친밀, 헌신이다.

　열징　갈망하는 대상이 먼발치에서라도 보이면 느끼는 온몸이
짜릿한 기분, 배 속에서 나비가 날아다니는 듯한 간지러움, 키스도
하고 만지고도 싶은 바람을 뜻한다.

　친밀　이 말은 '은밀'과 조금 비슷해 보이지만 전혀 다른 뜻이다.
사랑하는 사람에게 느끼는 가까움, 그에 관한 관심, 되도록 많은

것을 함께 경험하고 모든 것을 이야기하고픈 바람을 말한다. 여기
에는 안심도 들어간다.

　헌신　이것은 의식적인 결정이다. 이 사람은 나와 맞다, 때론 안
좋을 때가 있더라도 이 사람과 함께할 것이다, 라는 결정. 관계에
대한 조건 없는 긍정이다.
　미국의 심리학자 로버트 스턴버그는 연인 관계에서 세 요소가
모두 있다면 행복할 가능성이 크다고 말한다.

　하지만 이 중에서 어떤 요소에 무게가 실리는지는 연인마다 다
르며 또한 시간이 지나면서도 달라질 수 있다. 열정적인 짜릿함은
대개 처음에, 막 사랑에 빠졌을 때 가장 강하다. 그 대신 헌신하
려는 의지는 이 시기엔 그리 크지 않다. 아직 서로를 잘 알지 못하
고, 처음의 설렘 대신 옥신각신 싸우면 쉽게 헤어지기 때문이다.

반면 관계가 오래되면 열정의 수위가 낮아질 수 있다. 하지만 둘 사이가 가깝고 신뢰가 두텁다면 헤어질 생각은 쉽게 하지 않는다. 이땐 설렘은 덜 하지만 행복감은 그저 방식만 다를 뿐 예전과 변함이 없다.

로버트 스턴버그에 따르면 3요소 모두를 갖추지 않고 하나 또는 둘만 있는 관계도 있다. 하지만 그런 관계는 대개 오래가지 못한다. 그저 솔로인 게 싫어서 남자 친구를 사귀는 거라면, 사실은 단지 고독이 두려운 것뿐이다. 온갖 일을 함께 이야기할 상대가 필요해서 사귀는 거라면, 그것은 단순히 우정일 것이다. 그리고 순전히 열정만 있다면, 중요한 것은 오로지 섹스일 것이다. 사랑은 그 이상이다.

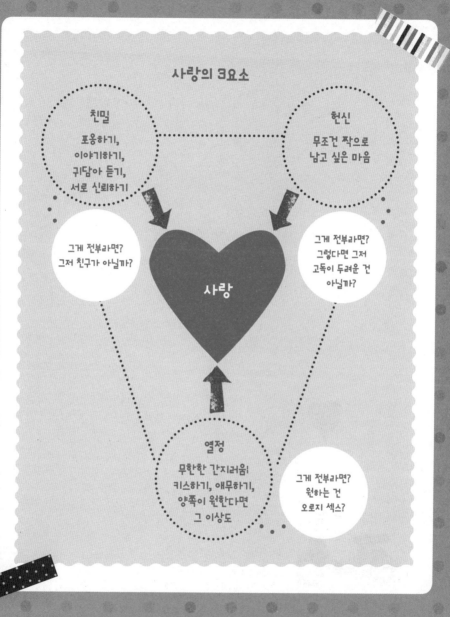

사랑의 3요소

친밀
포옹하기,
이야기하기,
귀담아 듣기,
서로 신뢰하기

헌신
무조건 짝으로
남고 싶은 마음

그게 전부라면?
그저 친구가 아닐까?

그게 전부라면?
그렇다면 그저
고독이 두려운 건
아닐까?

사랑

열정
무한한 간지러움!
키스하기, 애무하기,
양쪽이 원한다면
그 이상도

그게 전부라면?
원하는 건
오로지 섹스?

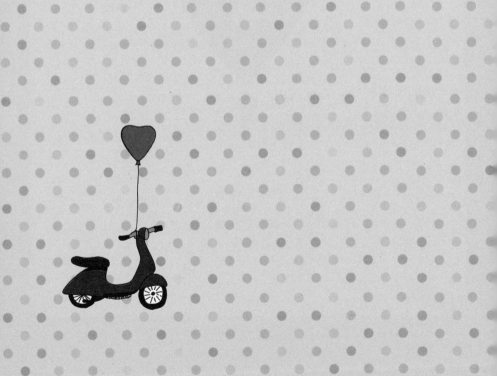

남들은 어떻게 사랑할까?

첫눈에 빠지는 사랑을 믿는 사람은? 그것을 직접 경험해 본 사람은? 남자와 여자는 몇 살에 첫 키스를 할까? 그리고 첫 섹스는?

이런 질문에는 통계가 답을 준다. 통계를 위해선 되도록 큰 집단의 사람들에게 똑같은 질문을 하고, 어떤 대답이 얼마나 자주 나오는지 계산해서, 결과를 그림이나 표, 그래프 등으로 나타낸다.

그런데 사람들이 정말로 설문 결과대로 생각하고 행동할까?

사랑에 관한 여러 가지 통계들

"직접 조작한 통계가 아니라면 어떤 통계도 믿지 마라."

윈스턴 처칠이 말했다고 전해지는 이 문장은 통계에 너무 많은 의미를 부여하지 말라고 경고한다. 실제로 통계는 조심해서 다뤄야 한다. 실제론 아무런 증거가 없어도 통계를 들이대며 많은 것을 주장할 수 있기 때문이다. 의식적이든 무의식적이든 통계에 영향을 주고 왜곡하기란 너무나도 쉽다. 질문을 표현하는 방식만 바꿔도 통계는 달라질 수 있다.

물론 어디에서 누구에게 질문하는가도 중요하다. 심지어 누가 질문하는가도 결과에 영향을 미친다. 예컨대 남자들은 섹스를 주제로 인터뷰할 때 질문자가 여성이면 거짓말을 훨씬 많이 한다.

숫자가 명백하게 맞을 때에도 그 진정한 뜻을 잘 헤아려야 한다. 한 가지만 예로 들어 보자. 1950년 이래로 황새의 수가 눈에 띄게 줄어들었다. 신생아 수도 마찬가지다. 하지만 이것이 황새가 아기를 날라다 준다는 증거는 아니다.

문제는 또 있다. 평균값을 내면 숫자는 대개 큰 의미가 없다. 예컨대 한 발은 온도가 80℃인 뜨거운 물에 담그고 다른 발은 얼음 양동이에 담근다면, 평균으로 봐선 발이 따뜻하겠지만 실제론 동상과 화상에 걸릴 것이다.

통계를 볼 때면 이 모든 것을 늘 염두에 두어야 한다.

같은 듯 다른, 남자와 여자

설문 결과가 남자와 여자의 차이를 이야기할 땐 결과를 잘 따져 보아야 한다. 그런 연구는 대개 과학적인 신빙성이 부족하다. 일반적으로 연구 결과는 사실보다 시대정신에, 그러니까 그때그때 '유행하는 생각'에 더 가깝다. 즉 과학자는 종종 자신이 발견하고 싶은 것을 발견한다는 말이다.

예를 들어 보자. 150년 전만 해도 뇌를 연구하는 사람들은 무척 난순한 방법을 썼다. 해골에 보리 낟알을 채워 넣어서 머리에 뇌가 들어갈 공간이 얼마나 있는지 조사한 것이다. 그리고 여자보다 남자의 두개골에 보리가 많이 들어간다는 사실을 알아내고선 남자가 여자보다 뇌가 크므로 더 똑똑하다고 굳게 믿었다. 그 대신 여자는 감정이 더 풍부하다고 보았다. 뇌 신경 섬유가 더 부드럽다는 것이 이유였다. 오늘날 우리는 지능과 감정 문제가 그렇게 단순하지 않다는 것을 알고 있다. 뇌를 이루는 물질은 남자나 여자나 똑같이 '부드럽다'. 그리고 뇌의 크기나 인간의 성별 모두 지능과는 상관이 없다. 물론 지능 검사에서 오랫동안 남자가 여자보다 좋은 결과를 얻은 것은 사실이다. 하지만 지금은 결과가 바뀌었다.

그러면 오늘날엔 정말로 여자가 남자보다 똑똑할까? 이런 검사로 그렇게 결론짓긴 어렵다. 지능 검사에 자주 등장하는 특정 유형의 과제를 한번 살펴보자. 기하학 도형이 회전된 것인지 반전된 것

남자와 여자, 누가 더 똑똑할까?

2010년 연구 결과!
남자가 더 똑똑하다!

2012년 연구 결과!
여자가 더 똑똑하다!

인지 제한된 시간 안에 알아내는 문제들이 있다. 공간적 상상력을 알아보는 이런 문제에선 남자아이가 여자아이보다 결과가 좋다. 모두 알고 있는 사실로, 이미 많은 시험에서 증명되었다. 하지만 시험 전에 여자아이들에게 거짓말을 한다면, 즉 이런 문제에선 여자가 유전적으로 남자보다 뛰어나다고 말해 준다면 시험 결과는 전혀 다르게 나온다. 당장 여자아이도 능력을 발휘한다. 그리고 남자아이들에게 지금 시험받는 능력은 주로 뜨개질, 바느질, 꽃다발 만들기 등에 필요한 것이라고 이야기해 주면 결과가 갑자기 나빠진다. 그러니까 이런 시험에서도 믿음이 기적을 행하는 것이다.

오랫동안 과학자들은 여자가 남자보다 말이 훨씬 많다고 주장해 왔다. 하지만 최근 실험을 보면 틀린 말이다.

하루에 평균적으로 몇 단어를 말할까?

　　순전히 생물학 관점에서 보면 남자와 여자는 전체적으로 공통점이 차이점보다 훨씬 크다. 가사 활동을 담당하는 유전자 같은 건 없다. 그리고 여자도 천성적으로 남자보다 감정이 풍부하거나 민감하지 않다. 물론 남자아이와 여자아이는 태어날 때부터 다르게 길러지며, 그런 영향은 사람들이 지금껏 생각한 것보다 훨씬 크다. 이런 차이점을 안고서 우리는 살아가고, 또 사랑해야 한다.

성 역할 분담? 그런 게 어딨어?

아득한 원시 시대엔 남자는 사냥을 나가고 여자는 그동안 동굴에 남아 자식을 돌보고 식사를 준비하고 옷을 만들었으리라고 오랫동안 생각했다.

오늘날 알게 된 바로는 잘못된 생각이다. 과학자들이 옛날 사람들의 뼈와 이를 조사했다. 그 결과 남자와 여자 모두 이가 마모된 흔적이 있었는데, 가죽을 씹어 부드럽게 만드느라 생긴 것이었다. 따라서 남자도 옷을 만들었다고 짐작할 수 있다. 그리고 여자들의 뼈에서도 상처와 골절을 쉽게 발견할 수 있었다. 그러니까 여자도 사냥과 싸움을 했을 것이다. 그런데도 오늘날 아직도 많은 과학자가 석기 시대 생활 방식을 들먹이며 가사와 자녀 양육 문제에서 괴상한 이론들을 뒷받침한다.

우리는 어떻게 사랑하고 있을까?*

남녀가 다른 점이 많은 만큼 같은 점도 많다면, 처음 상대를 만나는 과정은 남녀 청소년이 다른 점이 많을까? 같은 점이 많을까?

상대를 만나게 된 경로

친구 소개 26.1%
[남/녀 : 24% / 27.9%]

학교 57.9%
[남/녀 : 61.3% / 54.9%]

학원 7%
[남/녀 : 6.0% / 7.8%]

기타
9%

처음 상대를 만나는 경위는 '학교'가 가장 많았으나, 남녀 청소년의 비율이 크게 다르지는 않았다. 그도 그럴 것이 누군가가 연인을 SNS로 만났다면 그 상대 역시 SNS로 만났을 게 뻔한 것 아닌가? 이처럼 통계 자료가 어떤 경향을 보여 주지 않는 경우도 있음을 알아야 한다.

*성생활과 관련된 독일의 통계가 우리의 현실과 괴리감이 있어 〈2013 서울시청소년성문화연구조사〉(2013, 이명화, 아하! 서울시립청소년성문화센터(YMCA)) 자료로 대체했습니다.

첫 경험을 했나요?

여자 5.4%

남자 9.5%

서울 지역 초·중·고등학생 3,505명을 대상으로 조사한 바에 따르면, 청소년의 42.4%가 남자/여자 친구를 사귄 경험이 있었다.

교제하는 커플 사이에 불꽃이 튀면 진도를 나간다. 교제 경험이 있는 청소년 중 스킨십을 경험한 수는 90%에 달했으며, 손잡기, 껴안기, 키스 등의 순으로 경험하고 있었다. 성관계까지 경험한 청소년은 7.4%로 나타났다.

성관계 이후 가장 걱정되는 점은 남녀 청소년 모두 '임신'남 10.6%, 여 5.6%이라고 대답했다. 성관계 이후 유익한 점이 있었는가에 대한 물음에서는 남자 청소년이 성적 쾌감을 얻었다6%와 사랑이 깊어졌다4.0%, 호기심·해결2.1% 등을 꼽았으나, 여자 청소년은 별로 없다4.5%와 사랑이 깊어졌다1.7%는 응답이 많은 것으로 보아, 성경험을 의미화 하는 데 성별 차이가 있었다.

사랑하며 사는 게 곧 행복!

사랑에 관한 숫자는 변한다. 그렇다면 사랑도 변할까? 사랑은 문화와 교육과 유행의 문제일까? 만약 그렇다면, 사랑에서 변하지 않고 언제나 그대로인 것도 있을까?

대답하기 어려운 질문이다. 오늘날의 설문 결과를 옛날의 숫자와 비교할 수 없기 때문이다. 고대에서 우리에게 전해지는 것은 옛이야기뿐인데, 그런 이야기가 사실을 말하는지 아니면 그저 이야기를 지어낸 사람들의 꿈을 말하는지 우리는 모른다.

지금까지 인류가 남긴 가장 오래된 이야기는 약 4000년쯤 된 오리엔트 설화다. 주인공은 길가메시라는 왕으로, 그는 진정한 슈퍼히어로다. 이 이야기엔 힘, 남자들의 우정, 담력 시험, 모험, 불멸의 추구 등이 담겨 있다.

길가메시는 왕이란 자격으로 초야권을 요구한다. 초야권이란 고대 왕국에서 여인이나 소녀가 결혼하면, 신랑이 아니라 왕이 신부와 첫날밤을 보내는 것이다. 이것은 사랑과는 아무런 관련이 없다.

하지만 길가메시 서사시엔 남편과 부인의 관계에 대해 조금이나마 알 수 있는 대목도 있다. 이야기가 거의 끝날 무렵 사랑의 신 이슈타르가 나타난다. 이슈타르는 영원히 죽지 않는 방법을 찾던 길가메시를 막으려 한다.

"길가메시, 어디를 가는 것이냐?"

신이 왕에게 묻는다.

"네가 바라는 삶은 분명히 찾지 못할 것이다."

왕이 가만히 귀를 기울이자 신은 불멸이 오로지 신들에게만 허락된 것이라고 선언한다. 그러고서 사람들이 행복하려면 어떻게 살아야 할지 설명한다. 이 대목에서 계율과 금기가 나열될 것이라 예상한다면 오산이다. 그런 것 대신 신은 배불리 먹고 축제를 벌이고 춤추고 놀라고 충고한다. 또 옷을 언제나 깨끗이 입고 머리를 감고 목욕을 하고 향유를 발라야 한다고 말한다. 게다가 자식들과 즐겁게 지내고 사랑의 유희로 부인을 기쁘게 해야 한다. "그런 것이 인간이 할 일이니라!"

신이 길가메시에게 말한다.

잘 놀고 잘 먹고, 양쪽 모두 즐거운 사랑을 하고, 아이들과 시간을 보내고, 언제나 좋은 향기와 청결함을 지킬 것, 이런 것이 인간을 위한 고대의 행복 처방전이었다. 그리고 이런 인생의 지혜를 퍼뜨린 것은 수메르인만이 아니다. 고대 이집트 시가인 '인테프 왕의 하프 연주자가 부르는 노래'에서도 거의 똑같은 충고가 발견된다. 또한 성경에도 비슷한 구절이 있다. "너는 기쁨으로 네 음식물을 먹고 즐거운 마음으로 네 포도주를 마실지어다; 이는 하나님이 너의 하는 일을 벌써 기쁘게 받으셨음이니라. 네 의복을 항상 희게 하며 네 머리에 향기름을 그치지 않게 할지니라. 하나님이 해 아래서 네게 주신 모든 헛된 날에 사랑하는 아내와 함께 즐겁게 살지어다." (전도서 9장 7~9절)

세 민족, 하나의 생각. 이것이 우연일까? 아마도 이런 견해가 그 시절 많은 나라에 널리 퍼져 있던 모양이다. 그리고 오늘날도 많은 사람이 이렇게 생각하며 살고 있다. 변하지 않는 것도 있는 법이다.

사랑은 계속된다?

청소년기의 시행착오 많은 사랑을 뒤로하고 성인이 되어 제대로 사랑을 찾는다고 해 보자. 그렇게 해서 결혼하면 이제 사랑에 관해서는 더 이상 고민하거나 걱정하지 않아도 되는 걸까? 안타깝게도 결혼 이후에는 행복한 삶도 있지만, 이 사람과 더 이상 가족으로 있지 않겠다고 이혼하는 경우도 있다.

이혼율이 올라간다고 세계 여러 나라에서 이야기한다. 하지만 통계를 보면서 정말로 옛날보다 오늘날에 이혼이 늘었다고 확실히 말하기는 어렵다. 따지고 보면 이혼율은 같은 해 동안의 결혼 건수와 이혼 건수를 비교하는 방법으로 계산한다. 따라서 결혼하는 사람이 줄면, 갈라서는 부부가 실제로 늘지 않더라도 이혼율이 자동으로 올라갈 수 있다. 그리고 혼인을 맺는 숫자는 실제로 줄어들고 있다.

따라서 원래는 부부가 같이 살다가 중간에 갈라서는 비율을 계산해야 한다. 하지만 이것은 어려운 일인데, 부부 가운데 한쪽이 죽고 나서야, 즉 경우에 따라선 결혼 뒤 수십 년이 지나서야 겨우 계산할 수 있기 때문이다. 즉 현재 결혼하는 부부가 앞으로 이혼할 위험을 알려면 빨라도 50년 정도는 기다려야 한다.

대충 어림잡으면 결혼의 3분의 1이 이혼을 한다. 하지만 이 말은 곧 모든 결혼의 3분의 2는 유지된다는 뜻이기도 하다. 그리고 여기 포함되지 않았지만 결혼 증명서 없는 애정 관계도 있다. 결혼하지 않고도 평생 함께할 수 있기 때문이다. 참고로 말하면, 부부 대부분은 자신들의 삶에 만족한다. 결혼한 부부의 90%가 다시 결혼해도 지금의 짝과 하겠다고 말한다. 나머지 10%는 행복하진 않아도 어떻게든 잘 참아낸 사람들이다.

투탕카멘도 여드름 때문에 고민했을까?

사춘기. 이때를 반드시 통과해야 한다. 애벌레가 번데기를 거쳐야만 나비가 되듯이. 적어도 오늘날 많은 학자가 그렇게 믿고 있다. 열 번째와 열네 번째 생일 사이 어느 때쯤 사람이라면 누구나 몸속에서 호르몬이 주도권을 잡는 인생 단계에 접어든다고 말이다. 그러면 사람은 신체뿐 아니라 행동도 변한다. 기분이 안 좋고, 부모와 싸우고, 패거리와 몰려다니고, 모든 일에 흥미를 잃고, 이렇게 전형적인 사춘기 행동이 나타난다. 이 시기엔 온 뇌가 재건축 중이라 달리해 보려 해도 어쩔 도리가 없다.

하지만 정말로 맞는 말일까? 이 질문을 파고들다 보면 옛날 사람들은 사춘기라 불리는 질풍노도의 성숙기를 전혀 몰랐다는 점이 금세 눈에 띈다. 호르몬이 행동을 개시하면 나타나는 신체적인 변화야 물론 옛날 십 대들도 겪었다. 예컨대 이집트의 파라오였던 열아홉 살 투탕카멘도 여드름을 앓았다. 하지만 성숙기의 극심한 심리 기복과 재건축 중이라 쓸모없는 뇌는 과거엔 전혀 언급이 없었다.

옛날 사람들은 몇 년 동안 아이로 지내다가 어느 순간 어른에 포함되었다. 중간에 여러 해에 걸친 성숙기는 없었다. 대개 축제 같은 형태로 성인식이 있을 뿐이었다. 그리고 그렇게 성인이 되면 유예 기간 없이 당장 인생에 정식으로 뛰어들어야 했다. 투탕카멘은 열아홉 살에 죽었지만, 그때 이미 파라오로서 나라를 통치하고 결혼해서 두 아이를 낳았다.

그렇다면 옛날 청소년들은 청춘을 전혀 허락받지 못하고 사춘기의 동요하는 기분을 억눌러야만 했을까? 몇몇 심리학자는 다른 이론을 내세운다. 과거 청소년들은 전형적인 사춘기 문제를 대부분 전혀 몰랐다고 말이다. 즉 행동과학자들이 전 세계에 걸쳐 186개의 문화를 조사한 결과 이른바 전형적인 사춘기 행동은 현대 서구 세계에서만 나타난다는 점을 밝혀낸 것이다. 다른 곳에선 성숙기에 있는 청소년들이 또래와 몰려다니거나 자신만의 세계로 물러나지 않는다. 그 대신 대개 어른과 함께 지내면서 일찍부터 공동체 안에서 일정한 과제를 떠맡는다. 그러면서 별문제 없이 잘 지내는 듯 보인다.

따라서 여러 심리학자는 믿는다. 서구 산업국가의 청소년들은 반항적인 것이 아니라 우울한 것이라고. 아무에게도 제대로 인정받지 못해서, 가족과 학교에서 여전히 아이 취급받아서, 진정한 책임을 전혀 떠맡을 수 없어서-심지어 자기 인생에 대해서도-말이다. 이 이론의 대변자들은 무엇을 입을지, 무엇을 먹을지, 어떻게 행동할지, 무엇을 공부할지, 누구를 사랑할지, 그런 것은 늦어도 열네 살엔 스스로 결정할 수 있다고 말한다. 물론 그러다가 때론 잘못될 수도 있다는 점은 그들도 인정한다. 하지만 따지고 보면 어른도 잘못을 저지르지 않던가.

썸 타는 사이에서 연애로

과학이란 무엇일까? 아주 간단한 질문 같다. 당장 눈앞에 그림이 떠오른다. 하얀 가운을 입은 사람들, 시험관, 샬레, 대학생이 가득 앉은 강의실, 칠판을 메운 수학 공식. 혀를 내밀고 머리카락이 헝클어진 반백의 교수. 하지만 과학이 무엇인지 말로 표현하려면 대답은 복잡해진다.

사랑에 관해 과학적으로 생각해 보자

과학은 여러 가지다. 물리학, 화학, 생물학처럼 자연과 관련된 것도 있지만, 철학, 교육학, 심리학처럼 정신계와 관련된 것도 있다. 그리고 과학자가 연구하는 방법도 마찬가지로 다양하다. 과학을 과학으로 만드는 것은 무엇일까?

혀를 내밀고 머리카락이 헝클어진 반백의 교수에게 그냥 물어보자. 알베르트 아인슈타인 말이다. 아인슈타인은 이 주제에 대해 이

과학이 되기 위한 중요한 규칙

논리적이어야 한다

실험은 반복 가능하며 그 결과가 언제나 똑같아야 한다

과학적인 사고와 연구

정직해야 한다

납득·이해하고 검증할 수 있어야 한다

렇게 말했다. "모든 과학은 일상의 생각을 정제한 것뿐이다." 그러니까 아인슈타인의 생각은 이랬다. 과학자가 하는 일은 바로 모든 사람이 어차피 일상에서 하는 것, 즉 생각하기다. 다만 과학자는 자기 생각을 정제할 뿐이다.

그렇다면 사랑이란 문제에선 어떨까? 사랑을 과학적으로 연구하는 것이 가능할까? 사랑이 과연 논리적인 규칙을 따를까? 호모 사피엔스의 연애 행동에 관한 실험이 반복 가능하며 두 번 세 번 되풀이해도 똑같은 결과가 나올 수 있을까? 아니면 사랑은 비논리적이고, 비이성적이며, 사람에 따라 천차만별일까? 사랑과 과학에선 일치할 수 없는 두 세계가 충돌할까?

대답하자면, 그렇기도 하고 아니기도 하다. 사랑에 관한 진실은 분명 과학자들이 연구할 수 없을 것이다. 수학에서 1 더하기 1은 2다. 하지만 사랑에선 1 더하기 1이 많은 결과를 낳을 수 있다. 그래도 경향을 알아내어 많은 사람이 사랑을 어떻게 생각하며 사랑에 어떤 가치를 두는지 확인할 순 있다. 그런 것이 효과가 있을까? 확실한 것은, 수십 년 전부터 온 세계 과학자들이 사랑을 연구하고 있지만 여전히 세계 곳곳에서 사람들은 그저 무턱대고 사랑한다는 것이다. 오늘날에도 똑똑한 교수조차 사랑에 빠져 완전히 이성을 잃곤 한다. 이대로라면 언젠가 사랑을 계산하고, 예언하고, 변화시키고, 인공적으로 불러일으키거나 끝낼 수 있을 것 같지 않다.

그렇다면 사랑을 과학적인 방법으로 탐구하려는 시도는 그만둬야 하지 않을까? 우리는 어차피 사랑을 결코 이해하지 못할 테니까.

알베르트 아인슈타인은 이렇게 말했다. "세계는 이해할 필요가 없다. 그 안에서 올바른 길을 찾으면 그만이다." 훌륭한 의견이다. 그러니까 과학으로 알아낸 지식을 실마리로, 사랑에 대해 나름대로 생각을 발전시킨다면, 자신의 길을 더 쉽게 깨닫고 세상에서 올바른 길을 더 잘 찾을 수 있을 것이다. 그렇다면 연구 결과는 충분히 제 몫을 한 것이다.

우리는 왜 사랑하는 것일까?

세계를 과학적인 규칙에 따라 새롭게 바라보려 시도한 최초의 사람들 가운데에 그리스 철학자 플라톤이 있었다. 플라톤은 심지어 사랑과 섹스에 대해서도 사색했다.

플라톤은 육체를 영혼을 가두는 감옥으로 보았다. 사랑의 육체적인 측면은 고상한 정신적 사랑으로 가는 예비 단계에 불과했다. 성숙한 사람은 언젠가 육체적 욕망에서 해방되어, 키스와 포옹에 흥미를 잃고, 오로지 진선미를 추구하며 다른 형태의 사랑을 좇는다고 플라톤은 생각했다. 오늘날에도 '섹스 없는 사랑'을 다른 말로 '플라토닉 러브'라 부른다.

하지만 오늘날 철학적인 문제에 전념하기 위해 섹스를 인생에서 되도록 빨리 마치려는 사람은 거의 없다. 우리는 육체와 정신을 하나로 보고 충만한 성생활과 철학적 사고를 동시에 할 수 있다고 믿는다.

그래도 사랑에 관한 플라톤의 이야기 가운데 한 가지는 여전히 사랑받고 있다. 매우 아름답기 때문이다.

이 이야기에 따르면 사람은 예전엔 공 모양이었고 팔이 넷, 다리가 넷, 얼굴이 둘이었다. 이 공 모양 인간들은 일부는 남성 두 짝으로 이루어졌고, 또 일부는 여성 두 짝으로, 나머지 일부는 남녀 짝으로 이루어졌다. 이 공 모양 인간들은 강하고 대담해서 한번은 신들이 사는 하늘로 쳐들어가려 했다. 결국 신들의 아버지 제우스는 이대로는 안 되겠다고 결정하고 인간의 교만을 꺾기 위해 모두를 두 쪽으로 갈라 버렸다.

신들이 보기에 결과는 대성공이었다. 이등분된 인간은 이제 한결 온순해졌고, 인간이 두 배로 많아져서 신에게 바치는 제물도 두 배로 늘어났다. 하지만 인간은 분리로 무척 고통받았다. 그것은 지금도 그렇다. 그 뒤로 모든 사람이 외로움을 느끼며 평생 필사적으로 자신의 나머지 반쪽을 찾고 있다. 자신의 진정한 반쪽을 찾은 사람은 남은 삶 동안 끝까지 함께한다. 반면에 찾은 반쪽이 진짜가 아니면, 자신의 빈 곳을 완전하게 채워 줄 단 하나의 사람을 찾아 언제까지나 계속 방황한다.

현재 →

AD 500년   AD 1000년   AD 1500년   AD 2000년

어떤 사람에게 호감을 느낄까?

플라톤이 맞을까? 우리에겐 각자 운명의 짝이 세상 어딘가에 단한 명씩 있는 것일까? 아니길 바란다! 지구엔 사람이 70억 명 이상 살고 있다. 그 가운데 옳은 짝이 단 하나만 있다면 적중률은 지극히 낮을 것이다. 플라톤의 이야기가 아무리 아름답더라도, 자세히 생각해 보면 완전히 절망적이다.

불교에선 이 문제를 플라톤보다 융통성 있게 본다. 우리를 행복하게 해 줄 사람은 세상에 단 하나가 아니라 많이 있다는 것이다. 우리가 전생에 깊은 인연을 맺은 사람은 모두 가망이 있다. 이미 감정이 있었다면, 현생에도 더 쉽게 불꽃이 튄다. 이때 먼 옛날 두 사람을 묶었던 인연이 꼭 연인 관계일 필요는 없다. 그저 지인으로 좋아했어도 충분하다. 불교에 따르면 우리는 모두 이미 많은 삶을 거듭(윤회)했기 때문에, 짝이 될 만한 사람도 아주 많아서 플라톤의 개념으로 볼 때보다 적중률이 눈에 띄게 높아진다. 하지만 불교에서도 적합한 짝을 찾는 것은 간단하지 않다. 안타깝게도 우리는 전생을 기억하지 못하기 때문이다. 우리가 한때 누구와 인연을 맺었고 그 사람이 지금은 어떤 모습으로 지구를 돌아다니는지 우리는 모른다. 따라서 불교를 믿는 이들도 새로운 짝을 만날 땐 언제나 먼저 조심스레 탐색해 봐야 한다. 그리고 연애 중에 싸움이 일어난다면 어긋난 업보가 있는 것으로 보이니 두 사람은 짝을 다시 찾는 편이 낫다.

현대 심리학자들은 짝 찾기 문제를 전혀 다르게 본다. 운명이 미리 정해 준 짝을 기다리는 사람은 사랑의 기쁨으로 날아오르기보단 심리 치료사의 소파에 눕게 될 것이라고 본다. 사랑에서 예정된 운명을 믿는 사람에겐 끊임없는 좌절이 예정되어 있기 때문이다.

그 대신 많은 연구자는 이렇게 추정한다. 나이와 관심사가 알맞은 솔로가 100명쯤 있으면 그중에서 적어도 한 사람과는 행복한 관계를 맺을 수 있다고 말이다. 그리고 관계가 고비를 맞더라도 그 때문에 당장 헤어질 필요는 없다. 그럴 때면 함께 힘을 모아 관계에 변화를 줄 수도 있다고 심리학자들은 본다. 삶이 끝날 때까지 한 번도 싸우지 않고 행복하게 같이 살 수 있는 꿈의 왕자님과 공주님은 존재하지 않는다. 70억 명 가운데 단 한 사람조차도.

대체 어떤 것이 맞을까? 누가 옳을까? 플라톤일까 불교도일까 심리학자일까?

여러분의 생각은? 사랑은 하늘의 뜻이고 운명이 미리 정한 것일까? 유일무이한 단 한 명의 짝밖에 사랑할 수 없을까? 그렇게 생각한다면 예정된 운명을 기다리며 심장에 모든 것을 맡겨 보자.

운명을 기다리지 않고 나와 내 인생에 맞는 사람을 적극적으로 찾고 싶다고? 그렇다면 과학자들이 준비한 몇 가지 조언을 들어 보자.

누구를 사랑할까?

오래된 격언이 두 개 있다. '극과 극은 통한다'와 '끼리끼리 어울린다'. 성격 문제라면 두 번째 말이 맞다. 생각과 행동이 비슷한 사람과 사귀는 쪽이 행복할 것이다. 그러니까 좋아하는 상대와 공통점이 많을수록 좋다. 나와 완전히 다른 사람은 확실히 짜릿함과 모험을 선사하겠지만, 어느 순간부터는 차이점 때문에 신경만 거슬릴 것이다. '극과 극은 통한다'는 속담은 한 가지 경우에만 맞다. 자신의 코를 따를 때가 그렇다. 이것은 베른 대학교의 어느 연구가 증명했다. 여대생들에게 실험 참가 남성들이 입었던 티셔츠를 냄새 맡게 한 다음 어느 냄새가 가장 좋았는지 고르게 했다. 그 결과 모두 자신과 면역 체계가 가장 덜 비슷한 남자의 냄새를 좋아했다. 순전히 유전 관점에서 보자면, 면역 체계가 유전적으로 서로 다를 때 건강한 후손을 낳을 확률이 높다. 그리고 그런 것을 우리 인간이 냄새 맡을 수 있는 모양이다. 따라서 마음에 드는 상대를 만났

을 때 사실은 "내 눈을 바라봐." 대신 "내 겨드랑이 냄새를 맡아
봐."라고 말하는 것이 옳을지 모르겠다. 하지만 첫 만남에서 그런
말은 부적절하다!

어디서 찾을까?

사랑의 행복을 찾기 위해서 온
세계를 여행하며 70억 명의 사람을
모두 만날 필요는 없다. 한 연구에 따르면 커플
대부분은 서로 30km 이내에서 자란다고 한다. 출신
이 비슷하고, 교육 수준이 비슷하고, 취미가 비슷한
사람을 어디서 찾을 수 있을까? 답은 뻔하다. 이웃,
학교, 취미 활동이다! 그러니까 일상에 주목하길!!

어떻게 생겼을까?

과학자들에 따르면 호모 사피엔스가 짝을 찾을 때 가장 중요하
게 생각하는 선택 기준은 무엇일까? 사귀고 싶은지 아닌지를 결정
하는 것은 무엇일까?

모두 듣고 싶지 않겠지만 짐작할 것이다. 연구에 따르면 그것은
바로 외모다. 사람들은 본래 매력을 느끼는 사람에게만 말을 건다.

이것은 논리적이다. 진정한 사랑에 정신적인 가치도 중요하지만,
그런 건 겉으로 보고 알 수 없기 때문이다. 그리고 우리가 누군가

를 처음 만나서 이 사람을 사귀고 싶은지 결정해야 할 때면, 도와 줄 수 있는 것은 눈밖에 없다. 처음 만나자마자 만지거나 냄새 맡는 것은 그야말로 불가능하고, 음악이 시끄러울 땐 귀도 조언해 줄 수 없다.

우리가 누군가에게 매력을 느끼는지 아닌지 결정하는 데는 약 0.1초가 걸린다. 이때 우리는 잘생긴 사람을 선호한다.

이런 말을 들으면 모두 깜짝 놀라서 너무 크거나 작은 자신의 코를 생각할지 모른다. 너무 살찌거나 마른 엉덩이, 너무 곱슬거리거나 직모인 머리카락을 떠올릴 수도 있다. 그리고 이렇게 생각한다. '내가 이렇게 생겼으니 연애가 될 턱이 없지.'

마음 놓아도 된다! 다행히도 모든 사람이 똑같은 코 크기, 똑같은 엉덩이 둘레, 똑같은 머리 모양을 아름답다고 생각하진 않는다.

옛날에는 얼굴의 아름다움을 재는 기준이 있다고 생각했다. 예컨대 기원전 1세기 로마의 건축가인 비트루비우스는 인간의 이상적인 얼굴을 산출하는 공식을 만들었다. 공식에 따르면 이상적인 얼굴은 3등분이 가능해야 한다. 턱에서 코끝까지, 코끝에서 눈썹까지, 눈썹에서 이마 끝까지 각 거리가 정확히 똑같아야 한다. 그리고 얼굴의 폭은 길이의 정확히 3분의 2가 되어야 한다. 두 눈 사이는 딱 눈 하나 크기만큼 벌어져야 한다.

하지만 오늘날엔 아름다움을 재는 보편타당한 규칙이 없다는 것을 모두 알고 있다.

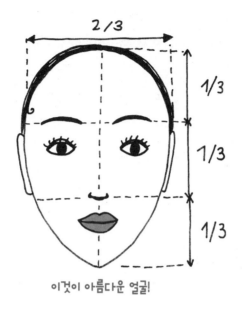

2/3

1/3

1/3

1/3

이것이 아름다운 얼굴!

못 믿겠다고? 하지만 맞다! 개들을 보면 제각각 다르게 생겼지만 주인들은 저마다 자기 강아지가 가장 잘생겼다고 자랑스레 뽐내는 것만 봐도 알 수 있다. 털북숭이든 쭈글쭈글하든, 뚱뚱하든 말랐든, 주둥이가 납작하든 뾰족하든 상관없이 말이다. 아니면 궁전과 성에 걸린 옛날 그림들을 생각해 보자. 그림에는 당시 온 나라에서 최고의 미인으로 꼽힌 여인들이 많이 등장한다. 그런데 오늘날 우리는 그림을 보며 생각한다. 어이쿠, 눈 튀어나온 것 좀 봐! 코는 또 어떻고! 그리고 저 머리 모양, 진짜 아니다! 따라서 우리가 보는 아름다움은 유행과 개인적인 취향이 혼합된 것이다. 그리고 과학자들에 따르면 우리가 짝에게 원하는 것은 비범한 아름다움이 아니라 그저 '매력'이다. 즉, 우리가 상대를 멋지게 느끼는 것이 중요하다는 말이다. 참고로 그 상대를 다른 사람들도 멋지게 생각한다면 더욱 좋다. 경쟁이 있어야 장사할 맛도 나기 때문이다. 이 문제는 이렇게 간단하면서도 복잡하다.

매력 포인트도 제각각

실험에 따르면, 우리가 느끼는 아름다움의 약 3분의 1은 '하드웨어', 즉 객관적으로 잴 수 있는 신체적 특징과 관계된다. 그 때문에 사람들은 대개 슈퍼모델을 코미디언보다 아름답게 생각한다. 사람들은 원칙적으로 크고 맑은 눈, 건강한 피부색, 붉은 입술, 윤기 나는 머리카락, 건강한 이처럼 건강함을 알리는 특징을 아름답게 느끼기 때문이다. 하지만 모두가 그런 것은 아니다! 우리가 느끼는 아름다움의 나머지 3분의 2는 오라와 보는 이의 개인적인 취향으로 이루어진다. 그 부분에서 코미디언이 슈퍼모델보다 좋은 점수를 딸 수도 있다.

고작 평균이라고? 그거 잘됐네!

우리가 모두 늘 가장 아름다운 사람만 사랑한다면, 인류는 오래전에 멸종했을 것이다. 최근의 과학 연구에 따르면, 우리가 찾는 것은 완벽한 아름다움이 아니라 '안 못생김'이다. 하드웨어는 평균이면 더없이 충분하다. 평범한 혈색, 평범한 치아, 평범한 머리 윤기. 그리고 지금 자신을 평균도 못 된다고 느끼는 사람도 걱정할 것 없다. 연구에 따르면 많은 여자아이가 자신을 실제보다 못생기게 생각하기 때문이다. 혹시 정말로 코가 조금 크거나 머리카락이 푸석하더라도 중요한 것은 전체 그림이다. 그리고 그런 것은 우리가 스스로 자신감을 느끼고 좋은 기분을 유지하는 것에 많이 좌우된다. 비타민을 먹고 운동을 하면 뺨에 혈색이 돈다. 머리카락은 잘 감고 손질해 주면 된다. 조그만 뾰루지는 화장으로 가리면 되고, 여드름은 피부과에서 치료받을 수 있다. 게다가 다크 서클이 지거나 눈이 충혈되지 않게 잠도 충분히 자서 맑은 눈빛을 지킨다면, 그 정도 아름다움으로도 이 세상에선 충분하다. 나머지는 취향 문제이며, 잘 알다시피 취향은 절대로 하나로 통일되지 않는다.

유쾌한 사람이 가장 매력적이다

빛나는 미소와 자신감과 유머는 매력을 높인다. 연구에 따르면 기분이 좋은 사람은 어디에서나 더 좋은 평을 받는다. 그리고 좋은 기분은 배울 수 있다. 우리가 생각하는 모든 것이 뇌에 흔적을 남기기 때문이다. 생각을 훈련하다 보면 이 흔적들이 언젠가 다져져서 마침내 손쉽게 거닐 수 있는 길이 된다. 그러니까 좋은 기분을 자주 느끼면 언젠가는 기분이 쉽게 좋아지고 더욱 명랑한 사람이 된다.

이렇게 하면 좋은 기분을 연습할 수 있다:

1. 기분이 좋아 보일 것! 자세를 똑바로 하고 얼굴에 웃음만 지어도 기분이 올라간다. 이런 웃음이 처음엔 인위적이며 실제로 안에서 우러나오는 것이 아니더라도 말이다.

2. 긴장을 풀 것! 턱 근육에 힘을 빼고 숨을 깊이 쉬면 스트레스가 줄어든다.

3. 남을 기쁘게 할 것! 그러면 내가 행복해진다.

4. 성공한 경험을 자주 생각할 것! 그리고 실수는 덜 생각할 것. 그러면 뇌에 올바른 길이 난다.

5. 나에게 선물할 것! 좋아하는 음악을 듣고, 사랑하는 향기를 맡고, 맛있는 요리를 해 먹고, 아름다운 그림이나 사진을 보고, 행복한 장소에 간다.

성공을 생각한다

웃음을 짓는다

턱에 힘을 뺀다

남에게 주는 선물

남자아이가 어떤 유형을 좋아하는지 알고 싶다면? 아주 간단하다. 그 아이를 자세히 바라보면 된다. 끼리끼리 어울린다는 말은 외모도 해당한다. 연구에 따르면 많은 사람이 짝의 외모에서 자신과 똑같은 특징을 아름답게 생각한다. 여러분의 코가 너무 큰 것 같다고? 코가 큰 남자아이라면 아마도 그 코를 딱 적당하다고 생각할 것이다.

무슨 색이 좋을까?

과학자들의 조언에 따르면 여자는 빨갛게 입는 것이 좋다. 남자들은 여자가 빨간 벽 앞에 서 있는 것만으로도 여자를 더 눈여겨본다. 여자가 빨간 티셔츠를 입을 땐 효과가 더욱 분명했다. 반면에 여자들은 그런 선호를 보이지 않는다.

완전히 망했어

꿈의 왕자님을 처음 만났을 때 머리가 엉망이고, 초록색 티셔츠를 입었고, 기분이 나쁘고, 코에 큼지막한 뾰루지가 있었다고? 문제없다! 그 사람을 어디선가 또 만난다면 기회는 다시 온다. 세 번째 네 번째 기회도 온다. 한 번 내린 판단이 평생 가는 일은 없다.

영원한 사랑을 위하여

　사람들은 흔히 운명이 짝지어 준 사랑이 더 아름답다고 믿는다. 하지만 나중에 되돌아보면 짝이 어디서 어떻게 왜 맺어졌는지는 상관없지 않을까? 그 뒤로 사랑이 어떻게 계속되는지가 훨씬 중요하지 않을까?

　진정한 사랑은 소설과 옛이야기가 일반적으로 끝나는 곳에서 시작된다. 세상에서 가장 아름다운 사랑 이야기 하나가 이를 보여 준다. 고대 로마 시인 오비디우스가 들려주는 필레몬과 바우키스라는 부부의 이야기다. 두 사람이 어떻게 만나 맺어졌는지는 이 이야기에 나오지 않는다. 오로지 우리가 알 수 있는 것은 두 사람이 조그만 시골 오두막에 살면서 서로를 진심으로 사랑하고 자신들의 가난을 의연히 받아들인 채 나란히 늙어 갔다는 것이다. 나그네로 변신한 신들이 부부에게서 정성스런 대접을 받고서 소원을 하나 들어주겠다고 했을 때, 필레몬과 바우키스는 오래 고민할 필요가 없었다. 부부는 둘 중 누구도 훗날 상대방의 무덤 앞에서 슬퍼하며 울 일이 없기를 청했다. 언젠가 사랑으로 하나가 된 채 둘이 함께 세상과 작별하기를 원한 것이다.

그리고 원하던 대로 되었다. 어느 날 우물로 가던 길에 바우키스는 남편의 몸에 잎이 돋아난 것을 깨달았다. 같은 순간 필레몬도 바우키스에게 가지와 잎이 난 것을 보았다. 두 사람은 나무로 변하면서 말할 수 있을 때까지 이야기를 나누었다. 그러고 나선 가지를 숙이고 나뭇잎을 바스락거리는 것으로 서로 인사를 전했다. 그렇게 두 사람은 오늘날에도 그리스의 숲 어딘가에 서 있다. 필레몬은 참나무로, 바우키스는 보리수로, 영원한 사랑을 상징하면서.

놀이처럼 시작되는 사랑

마음에 드는 상대의 관심을 끌려 할 때 흔히 추파를 던진다고 말한다. 그런데 추파를 던진다니, 그게 대체 무엇일까? 어떤 이들은 추파를 눈으로 짧은 연애편지를 보내는 기술이라고 본다. 다른 이들은 두 사람 사이에 걸린 거미줄 위로 햇빛이 뛰노는 것이라 부른다. 또 다른 이들은 불을 살짝 붙였다가 동시에 다시 끄려는 시도라고 말한다. 윤곽이 조금 드러나지만 아직도 구체적이지 않다. 단어의 유래로 정의를 내려 보자. '추파(flirt)'란 단어는 영어에서 왔지만, 아마 영국인도 프랑스인에게서 넘겨받았을 것이다. '추파를 던지다(to flirt)'는 'conter fleurette'란 개념에서 유래된 것으로 짐작되는데, 대략 '작은 꽃을 이야기하다'란 뜻이다. 이 말은 추파를 던지는 행동을 에둘러 표현하는 말로 알맞다. 추파를 던질 땐 비유적으로 말해 작은 꽃을 건네기 때문이다.

이때 꼭 말이 필요한 것은 아니다. 눈으로도 된다. 그러니까 추파는 두 사람이 말이나 몸짓이나 눈길로 서로에게 찬사를 보내는 것이다. 그러려면 좋은 기분, 적당한 자신감, 용기, 그리고 추파를 던질 알맞은 대상만 있으면 된다.

이 모든 것은 놀이다. 모든 사랑은 추파로 시작되지만, 모든 추파가 연애로 이어지는 것은 아니다. 추파는 그저 "너를 좀 더 알고 싶어."란 뜻이다.

하지만 이 놀이 같은 추파는 전혀 쉽지 않다. 일이 어긋날 수도 있다. 추파 재앙은 대략 세 유형으로 나뉜다.

A 추파를 받지만 상대가 끔찍이 싫어서 피하고 싶다.
B 추파를 던지지만 상대가 답하지 않는다.
C 추파를 던지고 상대가 답한다. 더 나가고 싶은데 문득 일이
   틀어져서 헛일로 끝난다.

세 경우 모두 불쾌하다.

재앙 A부터 생각해 보자. 이것은 순전히 배부른 고민이다. 엄밀히 말하자면 모든 추파는 칭찬이며, 칭찬을 받을 때 보여야 할 행동은 명확하다. 예의 바르고 상냥한 태도. 물론 그렇다고 해서 좋아하지 않는 사람과 추파를 주고받을 필요는 없다. 그리고 그런 마음은 행동으로 보여 주는 편이 가장 낫다. 추파에 답하지 않는 것이다.

재앙 B로 넘어가 보자. 욕망하는 대상에게 추파의 불을 발사했는데 불꽃이 전혀 일지 않는다면 무척 실망스러운 일이다. 이럴 땐, 곧바로 이런 생각이 든다. '알았어, 나를 안 좋아하는구나.' 그

것이 이유일 수도 있지만, 꼭 그런 것은 아니다. 추파는 하나의 놀이이며 때론 그저 놀 기분이 안 날 수도 있다. 내가 그럴 때가 있듯이 남들도 그럴 때가 있는 것이다. 그리고 이런 경우가 비교적 자주 있더라도, 역시 공황에 빠질 이유가 없다. 솔직히 생각해 보자. 나는 내가 진짜 멋지다고 생각할까? 자신감에 가득 차서 밖으로 내뿜고 다닐까? 누군가 멋진 사람을 만나면 좋아하는 마음을 보여 주고 싶을까? 추파를 보내려면 이런 몇 가지 조건이 동시에 갖춰져야 하는데 그런 일은 쉽게 일어나지 않는다. 그것은 남들도 마찬가지다.

하지만 추파를 던져서 성공한 적이 드물거나 전혀 없는 사람은 자신의 행동을 가만히 점검해 봐야 한다. 여기서 말하는 성공에는 추파를 돌려받는 것부터 들어간다. 확실한 관계가 맺어지는 경우만 성공으로 치는 사람은 분명히 너무 좁게 보는 것이다. 추파를 던질 때마다 성공한다? 그런 명중률은 아담과 이브만 기록할 수 있다. 경쟁 상대가 없기 때문이다. 추파를 그런 식으로 보는 것은 마치 보드게임을 이긴다는 확신이 있을 때만 하는 것과 같다. 솔직히 말해서 그런 경우라면 안 하는 편이 낫다. 게임의 매력은 질 수도 있다는 사실에 있기 때문이다. 늘 이긴다면 승리가 기쁠까?

하지만 종종 추파를 던지는데도 시선을 거의 끌지 못한다면 무언가 잘못하고 있을 가능성이 크다. 십 대들은 전형적인 실수를 곧잘 범하곤 한다.

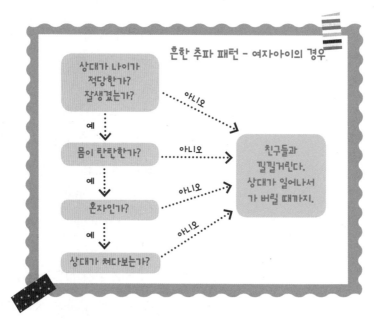

흔한 추파 패턴 - 여자아이의 경우

상대가 나이가 적당한가? 잘생겼는가?
예 → 몸이 탄탄한가?
예 → 혼자인가?
예 → 상대가 쳐다보는가?

아니오 → 친구들과 낄낄거린다. 상대가 일어나서 가 버릴 때까지.

이것을 다른 시각에서 보면 이렇다.

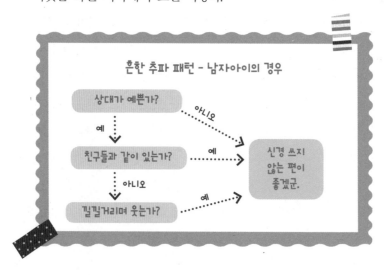

흔한 추파 패턴 - 남자아이의 경우

상대가 예쁜가?
예 → 친구들과 같이 있는가?
아니오 → 낄낄거리며 웃는가?

아니오 / 예 / 예 → 신경 쓰지 않는 편이 좋겠군.

도식을 보면 무슨 일이 벌어지는지 또렷이 보인다. 즉 아무 일도 안 벌어진다! 원인은 추파의 정의를 되새겨보면 쉽게 알 수 있다. 추파가 오고 갈 땐 두 사람이 말이나 몸짓이나 눈길로 서로에게 말한다. 자신뿐 아니라 상대방도 섹시하게 생각한다는 사실을.

집단 추파라는 것은 없다. 물론 집단 안에서 추파가 오갈 때도 있지만 그럴 때도 두 사람만이 추파를 교환할 뿐, 나머지 사람들은 배경으로 사라진다. 하지만 큰 소리로 낄낄거리는 친구들은 배경으로 사라지기가 어렵다. 언제나 무리 지어 나타나는데다가 쉬지 않고 키득거리고 낄낄거리는 사람은 결코 흥미롭고 섹시해 보이지 않는다. 그리고 그런 사람에겐 남자 쪽에서 아무리 잘 보이려고 해도 마음을 전달할 수가 없다.

아무 일도 벌어지지 않는 두 번째 이유도 추파의 정의에 있다. 추파를 보내려면 어떻게든 상대에게 접근해서 눈이나 몸짓이나 말을 통해 메시지를 전달해야만 한다. 소심하게 눈길을 돌리거나 아예 가 버리는 사람은 추파에 성공할 기회가 전혀 없다.

그렇다면 추파를 던질 상대에게 어떻게 접근할까? 중요한 과학 연구 결과들을 요약해 보면 다음과 같다.

어디가 가장 효과가 좋을까?

아주 간단하다. 기분이 가장 편한 곳이다. 몸치는 무대에선 가망이 없다. 맥주병은 수영장에선 안 된다. 참고로 말하자면 통계로 보았을 때 연인들은 대개 친구 무리, 개인 파티, 직장, 학교 등에서 서로를 알게 된다.

언제가 가장 좋을까?

누군가 어차피 다른 이유로 이미 심장이 두근거리고 있다면, 그의 마음을 특히 쉽게 얻을 수 있다. 캐나다 심리학자들이 실시한 이른바 '다리 실험'이 밝힌 내용이다. 실험에서 남성 참가자들은 협곡으로 가서 다리를 건너야 했다. 한 집단은 깊은 협곡 위로 출렁이는 흔수교를 힘들게 건넜고, 다른 집단은 튼튼한 다리를 건넜다. 참가자들은 각자 다리 중간에서 예쁜 여성 연구자를 만났다. 연구

자는 설문지를 들고 남자들을 대화에 끌어들였다. 그 결과, 현수교 위에서는 남자들의 절반이 여자에게 반했다. 튼튼한 다리 위에서는 겨우 12%만이 사랑에 빠졌다. 과학자들은 이런 현상을 흥분전이라고 부른다. 스트레스를 받아서 아드레날린 수치가 높아졌을 때, 이 흥분을 쉽게 사랑으로 해석한다는 것이다. 하지만 이것은 처음부터 호감이 있을 때만 그렇다. 첫눈에 좋아하는 마음이 들지 않았다면 스트레스가 혐오를 강화할 수도 있다. 결론을 말하자면 추파를 던질 기회가 특히 큰 곳은 어차피 이미 심장이 두근거리는 곳이다. 유령 열차나 롤러코스터를 타고 나오는 길에서, 비행기가 덜커덕거리며 착륙한 뒤에, 스포츠 시합이 끝난 뒤에, 심지어 학교에서 구술시험을 치르기 전이나 이후에 말이다.

어떤 실수를 피해야 할까?

어중간하게 재밌는 작업 멘트! "너 몸이 정말 좋다. 부모님이 혹시 조각가시니?" 또는 "내 전화번호를 잊어버렸는데, 네 전화번호 좀 줄래?" 절대로 안 된다! 이런 말은 효과가 없다. 연구에 따르면, 추파를 보낼 땐 정말 재밌는 멘트라 해도 장점이 없다. 잘해 봐야 단점이 없을 뿐이다. 그러니까 마음에 품은 상대가 불쑥 앞에 나타났을 때 무슨 말을 걸까 머리를 싸매고 고민할 필요가 없다. 차라리 그런 순간에는 지극히 일상적인 말을 하는 편이 낫다. 상황에 자연스레 맞으며 추파를 던질 마음이 전혀 없을 때도 할 수 있는 그런 말. "지금 몇 시니?", "이거 누구 노래지?", "소금 좀 건네줄래?" 이런 말은 절대 잘못되지 않는다. 이득만이 있을 뿐이다. 학자들이 알아낸 바로는, 말의 내용보다 중요한 것은 말하는 방식이다.

그렇다면 지극히 일상적인 말을 어떻게 할까?

과학자들은 충고한다. 당당하게 눈길을 맞추라고 말이다. 말을 할 때는 상대방의 눈을 오랫동안 바라봐야 한다.

그런 다음에는 어떻게 할까?

연구에 따르면 침묵은 절대 금물이다. 침묵은 거부한다는 인상을 준다. 그러니까 말하고, 말하고, 또 말해야 한다.

무슨 내용이 좋을까?

규칙 1 공통점에 대해서 말한다. 한술 더 떠서 공통으로 싫어하는 것을 이야기하면 가장 좋다. 그런 것이 두 사람을 묶어 준다. 둘이 똑같은 영화를 좋아한다고? 훌륭하다. 하지만 둘이 똑같은 영화를 싫어한다면 더욱 좋다.

규칙 2 혼잣말을 주절주절 늘어놓지 말고, 상대에게 질문해서 말을 끌어내야 한다. 상대가 즐겁게 대화를 나누고 있다는 기분을 느껴야 한다.

규칙 3 자신의 실제 모습과 생각을 편하게 내보인다. 솔직하고 정직해야 한다. 하지만 사생활까지 너무 빨리 드러내선 안 된다.

어떻게 계속 나갈까?

진정한 사랑은 게임이 아니지만, 추파는 게임에 가까워서 상대방이 자신의 위치를 정확히 모를 때 효과가 좋다. 따라서 상대에게 호감이 있다는 사실은 편하게 보여 주고, 자신의 뛰어난 취향을 드러내되, 상대가 정말로 얼마나 마음에 드는지는 여지를 남겨둬야 한다. 연구에 따르면, 자신의 감정을 당장 툭 터놓고 보여 주지 않는 사람이 두 번째 데이트 기회를 높인다.

이 게임에서 내 위치를 알 수 있는 방법은?

심리학자들은 그런 것을 몸짓 언어에서 읽어낸다. 상대가 나에게 빠졌다면 나에게 주의를 집중할 것이다. 그러면 나의 몸짓에 자신의 움직임을 맞추게 된다. 내가 앉은 채로 몸을 앞으로 숙이면 상대도 똑같이 할 것이다. 내가 몸을 뒤로 기대고 머리 뒤로 깍지를 끼면 상대도 몸을 세우고 쭉 펼 것이다. 따라서 상대를 차분하게 똑바로 관찰하자. 어차피 당당하게 바라봐야 하니까 말이다.

과학자들이 몸짓 언어에 대해 또 밝혀낸 것이 있을까?

과학자들은 인간 수컷의 구애 춤을 자세히 연구했다. 즉 남자아이들이 어떻게 춤을 추면 가장 반응이 좋은지 알아냈다. 연구에 따르면 가장 좋은 구애 춤은 이렇다. 팔을 쭉쭉 펴서 흔들고, 허리도 흔들어 주고, 무엇보다 오른쪽 무릎에 신경 쓸 것! 어떻게 추는지, 또 어떻게 추면 안 되는지 유튜브에서 자세히 볼 수 있다. 동영상 제목은 'Dance to win women'이다.

그래도 추파에 실패하면 어떻게 할까?

추파를 던지는 경험이 늘어나면 실수도 줄어든다. 사람은 갈수록 노련해지는 법이다. 하지만 그러다가도 종종 재앙 C가 일어나곤 한다. 여기선 남자아이나 여자아이나 다르지 않다. 처음에는 모든 일이 순조롭게 진행되고, 서로에게 말과 몸짓과 눈길로 진정한 꽃다발을 건넨다. 그러면서 기대도 커지고 살짝 사랑에 빠지기도 한다. 그러다가 갑자기 일이 어긋나 버린다. 상대가 완전히 물러서거나 서로 싸우기까지 한다. 무엇이 잘못된 것일까?

전문가들에 따르면, 상대를 잘못 고른 것이다. 추파를 주고받을 땐 사람마다 목표가 제각각이다. 어쩌면 상대는 하룻밤 사랑을 생각했는데 내 눈에선 벌써 애인을 그렸을지도 모른다. 아니면 나는 그저 실연을 잊으려고 추파를 던졌는데 상대는 그 이상을 원했을 수도 있다. 이런 일이 꽤 자주 있다면 추파를 던질 때 신호를 잘못 보내고 있을 가능성이 크다. 이 책 부록에 실린 테스트를 해 보면 이해할 수 있을 것이다!

추파를 던질 땐 바이킹처럼

추파를 보내고 달콤한 말로 꾀는 것은 노르만인도 할 줄 알았다. 그런 사실을 알 수 있는 것은 9세기에 북유럽권에서도 알파벳이 생겨나 일상생활에 쓰인 덕분이다. 정확히 말하자면 알파벳이 아니라 'Futhark'라고 불러야 하는데, 문자 순서가 A(알파)와 B(베타)로 시작하지 않고 F, U, Th, A, R, K로 시작하기 때문이다. 이제 바이킹과 노르만인도 차가운 스칸디나비아 땅에서 뜨거운 사랑의 서약을 나무나 뼈에 새겼다. "나를 생각해 주오, 내 그대를 생각하고 있으니. 나를 사랑해 주오, 내 그대를 사랑하고 있으니. 나를 가련히 여겨 주오!" 이것은 스웨덴 학자들이 어느 오래된 베틀의 북에서 해독해 낸 것이다. 먼 옛날 어느 숭배자가 연모하는 소녀의 마음을 얻기 위해 선물로 준 것이리라. 또 어느 오래된 북유럽 시에 이런 구절이 있다.

달콤히 칭찬하고 선물을 주어라,

소녀의 사랑을 원하는 사람은.

빛나는 처녀의 우아함을 칭찬하라,

그래야 청혼자가 처녀를 얻으리니.

이 시구를 보면 우리가 상상하듯 뿔 달린 투구를 쓰고 텁수룩한 머리와 수북한 수염을 기른 사나운 바이킹이 떠오르지 않는다. 그들에게는 마음에 든 소녀의 머리채를 잡고 바이킹 배로 끌고 가는 모습이 더 어울린다. 하지만 실제로 스칸디나비아의 옛 주민들은 우리가 만화나 동화에서 보는 바이킹과 공통점이 별로 없었다. 그들은 시를 사랑했고, 정기적으로 머리를 빗었으며, 이를 깨끗이 닦았고, 토요일마다 목욕했는데, 그 시절에는 세계 어디에서나 흔히 볼 수 있는 일이 아니었다. 그리고 그들은 마음에 담은 여인에게 매력적으로 구애했다.

그들도 길가메시 서사시의 옛 가르침을 따랐던 것 같다.

참고로 말하자면, 사실 바이킹은 투구에 절대로 뿔을 달지 않았다. 뿔을 달면 싸울 때 거추장스럽기 때문이다.

사랑에 빠지면 어떻게 될까?

지금으로부터 약 900년 전, 기사인 디트마르 폰 아이스트는 힘겨운 시간을 보냈다. 밤에 잠이 오지 않고 아무 일도 기쁘지 않으며 그저 죽고만 싶었다. 본인의 입을 빌리자면 원인은 이랬다. "내가 사랑하고픈 아름다운 여인에게서 연유하는 것이니." 쉽게 말해 디트마르는 성주의 예쁜 딸에게 완전히 반한 것이다.

사람이 사랑에 빠졌을 때 앓는 증상은 실제로 위독한 질병과 닮았다. 손가락이 떨리고, 무릎이 후들거리고, 잠이 안 오고, 마음이 불안하고, 땀이 많아지고, 배 속이 간지럽고, 입맛이 없어지고, 심장이 빨리 뛰고, 집중력이 떨어진다. 디트마르가 괴로워했던 것도

놀랄 일이 아니다. 하지만 이런 괴로움은 대개 의사나 약사 몫이 아니다. 늦더라도 사랑에 빠진 마음이 상대의 사랑으로 화답 받으면 모든 것이 다시 좋아진다.

사랑에 빠진 당사자에겐 좋다는 말이다. 다른 사람들에겐 아니다. 그들은 막 사랑에 빠진 이들을 견뎌야 하는데 그리 쉬운 일이 아니다. 사랑에 빠진 사람이 디트마르처럼 괴로움을 시로 옮긴다면 그나마 낫다. 하지만 그런 일은 오늘날 드물다. 사랑에 빠진 이들은 대부분 정신없이 혼란스레 행동하고, 아침부터 저녁까지 사랑하는 이의 이야기만 늘어놓고, 그 사람이 말한 시답잖은 말조차 노벨 문학상 감으로 여기고, 남의 말에 귀를 닫고, 약속을 어기고, 일상에서 해야 할 일을 하지 않는다. 그러면서 자신이 얼마나 이상하게 행동하는지 깨닫지도 못한다. 이런 이상한 상태에 대해 과학자들이 조금 알아낸 바가 있다. 과학자들의 대답을 들어 보자.

이런 상태가 얼마나 오래갈까?

막 사랑에 빠진 이들을 제삼자의 눈으로 본다면, 영원한 사랑이란 꿈이 문득 악몽처럼 느껴질 것이다. 저런 상태가 수십 년 동안 이어진다니 정말 끔찍하다!

하지만 다행히도 그렇지 않다. 몇 주가 지나면 대개 호르몬 상태가 안정되고, 여섯 달쯤 지나면 이성이 돌아오며, 늦어도 1~3년 뒤에는 사랑에 취한 상태가 확실히 끝난다.

그러고 나면?

그렇다고 해서 모든 감정이 꼭 사라지는 것은 아니다. 그럴 수도 있지만 반드시 그런 것은 아니다. 이제 처음의 도취가 진정한 사랑으로 변할 수도 있다.

사랑에 도취한 상태는 진정한 사랑이 아닐까?

그렇기도 하고 아니기도 하다. 그것은 일종의 예비 단계였다. 심리학자들은 사랑의 상태를 두 가지로 구별한다. 하나는 일시적인 반함인데, 전문 용어로는 '리머런스'라 부른다. 또 하나는 사랑으로, 이상적인 경우엔 평생 지속할 수 있다.

반한 상태는 의학적으로 보면 약물 도취와 닮았다. 사랑에 빠진 두 사람이 서로의 품에서 떨어지면 금단현상에 시달린다. 이것은 뇌가 분비하는 호르몬 탓이다. 행복 호르몬인 도파민이 온 세상을 장밋빛으로 물들이고, 갑작스러운 세로토닌 결핍이 강박적인 사고를 강화하고, 스트레스 호르몬인 아드레날린과 성호르몬인 테스토스테론이 열정을 부채질하고, 게다가 친밀감 호르몬인 옥시토신이 서로 떨어지는 것을 고통스럽게 만드는 것이다. 사랑은 순전히 호

르몬에 조종되는 감정이 아니지만, 반함은 호르몬에 훨씬 많이 좌우된다. 사랑은 더 깊고 차분하고 폭넓은 감정이다. 정직, 신뢰, 친밀, 상대를 있는 그대로 받아들이기, 이런 것은 사랑에 이르러서야 중요해진다.

상대에게 반한 이들은 오로지 상대만을 바라보며 주변에는 눈이 어두워진다. 반함과 사랑의 다른 점을 작가 앙투안 드 생텍쥐페리는 이렇게 표현했다. "인생이 우리에게 가르쳐 준바, 사랑은 서로를 마주 보는 것이 아니라 함께 같은 방향을 바라보는 것이다." 이 구절은 결혼식 주례에서 많이 인용된다.

도취가 끝나면 이제는 사랑에 빠지지 않은 것일까?

그렇지 않다. 행복한 연인에게 짝의 사진을 보여 주고 MRI 스캐너로 뇌를 찍어 보면 오래된 연인도 사랑에 막 빠진 사람과 똑같이 '열애를 담당하는 부위'가 빛나는 것을 볼 수 있다. 하지만 사랑에 막 빠진 단계에서처럼 그런 상태가 온종일 지속하면서 삶의 모든 영역을 지배하지는 않는다. 게다가 이들의 경우엔 뇌의 또 다른 부위, 즉 우정과 관련된 영역도 빛난다.

사람은 왜 사랑에 빠질까?

그런 것을 안다면 얼마나 좋을까! 지금까지도 과학자들은 대답을 찾지 못했다. 한 가지 문제가 있기 때문이다. 예컨대 짝짓기를 할 때가 된 암수 사슴벌레가 서로 마주치면 언제나 불꽃이 튄다. 그리고 아무도 방해하지 않으면 짝짓기를 한다. 그러나 사람의 경우엔 다르다. 양쪽이 그냥 헤어져서 다시는 안 만날 수도 있다. 그저 둘 사이에 불꽃이 튀지 않아서 말이다.

그런 것은 무엇에 달렸을까? 불꽃에 불을 붙이는 것은 무엇일까? 오로지 호르몬 때문도, 체취 때문도 아니다. 다리 실험에서 살펴보았다시피 인위적인 심장 고동이 조금 거들 수는 있더라도 반드시 불꽃이 튀지는 않는다. 이유는 당사자조차 모른다. 이런 것을 연구할 수 있는 사람이 있다면 노벨상은 떼 놓은 당상이다.

불꽃은 언제 튈까? 인간의 구애 기간은 얼마나 걸릴까?

인간의 행태는 사슴벌레보다 애매하다. 가끔 인간은 삼십 초 만에도 사랑에 빠진다. 이것을 첫눈에 빠진 사랑이라 부른다. 그리고 때론 몇 년, 심지어 수십 년 동안 알고 지내다가 불꽃이 튀기도 한다.

참고로 연구에 따르면 이미 오랫동안 알다가 사랑에 빠진 연인일수록 관계가 더 조화롭게 흘러간다고 한다. 그러면 대개 서로 공통점이 많기 때문이다. 하지만 통계로 봤을 때 그런 관계가 더 행복한 것은 아니다. 첫눈에 빠진 사랑이란 낭만적인 기억도 연인을 수십 년 뒤까지 단단히 묶어 줄 수 있다. 따라서 첫눈에 빠진 사랑의 경우 가장 큰 문제는 구애 기간이 짧은 것이 아니라 사랑이 맺어질 가능성이 희박다는 것이다. 한쪽만 첫눈에 반할 때가 잦기 때문이다. 다른 쪽도 같은 마음이 아니면 연애가 성립되지 않는다.

사랑에 빠진 단계에 대해 알려진 사실은?

과학자들에 따르면, 사람이 사랑에 빠지면 말 그대로 장밋빛 안경으로 눈이 흐려진다. 이들은 자신의 짝에게서 단점을 찾을 수 있는 상태가 아니다. 피 속에 그야말로 행복 호르몬이 넘쳐서 그럴 수가 없다. 그 남자가 번번이 지각한다고? 그게 뭐? 귀엽기만 한걸. 그 여자가 자꾸만 말을 끊는다고? 멋지군, 정말 통통 튄단 말이야. 사랑에 빠진 이들은 짝의 결점에만 눈먼 것이 아니라, 다른 사람들의 훌륭함도 더는 알아차리지 못한다. 게다가 이들은 사랑에 빠지지 않은 사람들에 비해 모든 상황에서 모험을 즐기며 일은 설렁설렁한다.

그렇다면 사랑에 빠진 감정을 불신해야 할까?

사랑에 빠진 감정을 맘껏 즐기시라. 하지만 다른 사람들과도 잘 지내도록 신경 써야 한다. 그리고 이 시기에는 인생에서 중요한 결정을 내려선 안 된다.

사랑이 놀이였을 때

　중세에는 아직 사랑이 없었다. 정확히 말하면 사랑이란 말이 없었다. 그 시절에는 이 감정을 '민네'라 불렀기 때문이다.

　오늘날처럼 민네도 다양한 종류가 있었는데 그중 하나는 오늘날 완전히 사라져 버렸다. 그것은 '높은 민네' 또는 '민네 봉사'라 불렸으며 감정이라기보다는 왕이나 영주의 궁전에서 놀던 유희에 가까웠다. 여기에서 기사들은 고결한 여인을 열렬히 숭배하는 역할을 맡았다. 그 여인이 결혼했든 아니든 상관없었다. 이때 기사에게 중요한 것은 섹스나 키스가 아니었다. 또한 사랑을 되돌려 받기를 원하지도 않았다. 그들은 '사랑에 빠지는 게 직업인 사람'으로서, 숭배 대상을 위해 마상 무술 시합에 참가하고, 그녀의 아름다움을 시와 노래로 찬미하고, 그녀를 때론 평생 사모했다. 그 모든 것은 순전히 쇼였다. 청년들은 사실 봉사와 노래로 여인의 마음을 얻으려는 것이 전혀 아니었다. 영주나 왕의 눈에 들어서 존경과 명예를 거머쥐려던 것이었다. 아마도 이들이 부른 연가는 나름대로 텔

레비전 오디션 프로그램의 선구자였다고 볼 수도 있겠다.

물론 귀족 처녀들도 자신을 둘러싼 열렬한 사모에 짜증이 나서 다른 것을 경험해 보고 싶었을지도 모른다. 이를테면 진짜 사랑 말이다.

동물들의 은밀한 성생활

동물계의 번식과 섹스를 보면 없는 것이 거의 없다. 예컨대 아주 작은 단세포동물인 아메바는 자기 몸을 분열해서 증식한다. 달팽이는 자웅동체다. 동시에 수컷이면서 암컷이란 뜻이다. 어떤 동물은 살아가면서 성별을 바꾸기도 하는데, 이를테면 흰동가리가 그렇다. 물고기 떼에서 유일한 암컷이 죽으면 가장 큰 수컷이 새로운 암컷으로 변한다. 악어의 경우엔 새끼의 성별이 알이 부화하는 온도에 따라 결정된다. 수온이 30℃보다 낮을 때는 암컷만이, 34℃보다 높으면 수컷만이 부화하며, 그 중간 온도에선 암수가 모두 나온다. 어떤 곤충은 성별이 아예 없으며 몇몇 개미 종류는 성별이 세 개나 된다. 동물계에선 심지어 수컷 없이 생식하는 암컷도 있다. 코모도왕도마뱀, 도마뱀붙이, 머릿니, 그리고 보닛 헤드 상어 등이

암수가 꼭 짝을 지을 필요가 있을까?

그렇다. 해마는 수컷이 새끼를 배고 낳고 기른다.

그렇다면 과학이 인간의 성생활에 대해 밝혀낸 것은 무엇일까? 호모 사피엔스는 어떻게 할까? 얼마나 자주? 누구와? 언제? 어떤 방식으로?

약 100년 전부터 과학자들은 '실험실 조건에서' 인간의 성생활을 조사해 왔고 이제 신체적인 면에서는 자세한 사항들이 잘 밝혀졌다. 하지만 인간의 전형적인 번식 행태에 대해서는 여전히 아는 바가 별로 없다. 호모 사피엔스를 연구할 땐 한 가지 문제가 있기 때문이다. 즉 인간은 섹스란 문제에서 규칙을 안 지킨다는 것이다. 사람들은 '그것'을 저마다 다르게 한다. 비교를 위해 사슴벌레 얘기로 돌아오자. 사슴벌레는 해마다 5월에서 8월 사이에 짝짓기한다. 따뜻한 여름 저녁에 떼 지어 나와, 오래된 참나무를 골라선, 나

무껍질 사이로 발효된 수액이 흘러나오는 곳에서 만난다. 수컷들은 뿔로 서로를 나무에서 밀어낸다. 그렇게 교미를 위한 싸움이 끝나면 '사슴벌레 우두머리'가 암컷에게 구애하고, 둘은 함께 수액을 홀짝인 뒤 수액에 취한 채 짝짓기를 한다. 사흘 동안 쉬지 않고. 사슴벌레는 이 원칙에 따라 번식한다.

사람은 다르다. 언뜻 보기엔 사슴벌레와 호모 사피엔스 사이에도 비슷한 점이 몇몇 보인다. 사람도 포근한 여름 저녁이면 떼 지어 나온다. 또한 마찬가지로 발효된 식물 즙이 있는 곳에서 만나길 좋아한다. 많은 이가 사슴벌레처럼 취하고 뒤이어 짝짓기한다. 사흘 내내 하는 일은 거의 없지만, 대체로 보면 사슴벌레와 사람의 행동은 닮은 구석이 조금 있다. 하지만 조금뿐이다. 사람은 여름만이 아니라 겨울에도 짝짓기한다. 취한 채로 하는 경우도 드물다. 사슴벌레는 번식을 위해 짝짓기를 하는데, 사람은 그 점에서 다르다. 텍사스의 심리학자들이 연구를 위해 약 400명에게 섹스하는 이유를 물었더니 이유가 237가지나 되었다! 1위는 '상대에게 끌렸기 때문'이었다. 2위는 육체적인 즐거움. 그러면 사랑은? 사랑은 5위에 머물렀다. 소수에 불과하지만 이런 이유도 있었다. '두통을 덜려고', '봉급을 올려 받고 싶어서', '자신을 벌하고 싶어서', '신에게 가까이 다가가고 싶어서'. 사슴벌레가 이런 생각을 할 리 만무하다.

사슴벌레는 생물학적으로 봤을 때 호모 사피엔스와 거리가 꽤 멀다. 하지만 우리와 유전적으로 가까운 동물들의 번식 행태를 보더라도 인간과 뚜렷한 공통점이 보이지 않는다. 고릴라는 수컷 하나가 최대 스무 마리의 암컷과 함께 산다. 사람에겐 드문 경우다. 오랑우탄은 그와 반대로 혼자 살면서 수컷과 암컷이 섹스할 때만 만난다. 이것도 사람의 전형적인 행동은 아니다. 보노보는 큰 무리를 이루고 살면서 서로 가리지 않고, 자주 관계를 한다. 다양한 이유로 섹스하는 듯 보이는데 그런 점에선 사람과 닮았다.

하지만 보노보처럼 적극적인 성생활도 사람에겐 전형적이지 않은 편이다. 긴팔원숭이는 사람 대부분처럼 둘이서 가족을 이루고 평생 함께 산다. 하지만 하필 이 원숭이가 유인원 가운데서 우리와 유전적으로 가장 거리가 멀다.

　이렇게 동물계를 보아도 공통점이 많이 드러나지 않는다. 그 대신 번식에서 호모 사피엔스는 두드러진 점이 하나 있다. 섹스할 때 동료가 구경하지 못하도록 최대한 신경 쓰는 유일한 동물이라는 것이다.

옛날의 사랑은 지금과 달랐을까?

　우리 인간의 짝짓기 행위가 제각각인 원인은 무엇일까? 인간의

'충동'에서 자연의 몫은 일부분에 불과하고, 문화적인 영향도 중요해 보인다. 완전히 개인적인 경험들, 자라면서 겪는 사회와 교육 말이다. 나이 든 사람들과 사랑이나 섹스에 관해 이야기를 하다 보면 종종 이런 말을 듣는다. "옛날엔 안 그랬지." 사랑에 빠지고, 약혼하고, 결혼하고. 섹스는 그다음에. 아이는 또 그다음에. 이것이 사랑의 통상적인 순서였다는 것이다. 그리고 모든 것이 규율대로 잘 굴러갔기 때문에 당시 사람들은 오늘날 우리가 겪는 문제를 많이 겪지 않았다고 한다. 결혼은 더 튼튼하고 가정은 더 화목하고 사람들은 더 행복했다. 천국 같은 사랑의 기쁨을 내내 누렸기 때문이 아니라, 사랑과 섹스가 오늘날처럼 전면에 나서지 않았기 때문이다. 사람들은 가진 것에 만족하며 거짓된 행복을 쫓아다니지 않았다. 이런 말을 들으면 인간의 섹스는 정말로 문화가 강력하게 규정하는 것처럼 생각된다.

하지만 이 말이 맞을까? 옛날에는 정말로 모든 것이 달랐을까? 그리고 만약 그랬다면, 이 '옛날'이란 언제였을까?

역사책을 들여다보면, 여러 사람이 열광하는 행복한 시절은 오래전, 그것도 아주 오래전이었던 것 같다. 그런 시절은 찾을 수 없기 때문이다. 옛날 어느 때를 뒤져 보든 곳곳에서 오늘날과 똑같이 온갖 종류의 사랑과 섹스가 튀어나온다. 혼외 자녀, 외도와 성추문, 사랑의 행복과 슬픔이 어디서나 보인다. 카이사르는 클레오파트라와 성관계를 가졌고, 클레오파트라는 마르쿠스 안토니우스와 성관계를 가졌다. 황제 카를 5세는 1546년에 열아홉 살의 시민계급 처녀 바르바라 블롬베르크를 임신시켰다. 교황이었던 알렉산데르 6세(1431~1503)는 혼외 자녀가 적어도 아홉이었다. 자코모 카사노바(1725~1798)는 120여 개에 달하는 본인의 섹스 경험담을 비망록에 풀어 놓았다. 황후 시시는 언드라시 백작과 정분이 있었던

것으로 알려졌고, 왕세자빈 루이제 폰 작센은 남편과 아이들을 버리고 자녀의 가정 교사와 함께 떠났다. 1891년에는 독일제국 황족들이 그 루네발트의 사냥 별장에서 문란한 관계를 즐겼다. 18~19세기 독일과 오스트리아의 몇몇 지역에선 혼외 자녀가 50%를 넘었다. 그러니까 그곳에서 아이 둘 가운데 하나는 혼외 관계 출신이었다.

이런 목록은 얼마든지 늘릴 수 있다. 이것이 보여 주는 것은 확실히 옛날이라고 모든 것이 다르지 않았다는 것이다. 다만 우리가 이 주제를 다루는 방식이 변했을 뿐이다. 우리는 50년 전 사람들보다 개방적이고 솔직하며 덜 숨긴다. 그러니까 섹스라는 문제에서는 인간의 '본성'이 한몫하는 듯이 보이기도 한다.

그렇다면 이제 어느 쪽일까? 본성일까 문화일까? 둘 다일까? 둘

다 아닐까?

사랑과 똑같이 섹스도 유전으로 물려받은 행동과 학습된 행동, 또 고유한 개성으로 이루어진 고도로 복잡한 혼합물일 것이다. 언제나 과학자들은 연구 끝에 이런 결과에 이른다. 인간의 참된 성기는 뇌이다. 섹스는 생각에 따라서도 지배되는 것이다. 그리고 생각이란 것은 연구하기 어려운 법이다.

그러니까 언제 어디서 얼마나 섹스를 할지는 각자 스스로 알아내야 한다. 그리고 사랑과 섹스가 서로 일치하는가에 대한 질문에도 과학으로 뒷받침된 보편타당한 대답이 없다. 각자 자신 있게 자신만의 이론을 펼쳐도 된다.

스캔들에서 사랑으로

옛날에는 사람들이 순결하고 정숙하고 경건했다고? 그럴 리가! 아벨라르와 엘로이즈의 이야기를 보면 인상이 달라질 것이다.

피에르 아벨라르는 프랑스 기사의 아들이었다. 다른 기사들처럼 제후에게 봉사하고 싶지 않았기 때문에 일생을 철학에 바쳐 파리에서 교수가 되었다. 1117년에 아벨라르는 어느 귀족 소녀의 가정 교습에 자원했다. 소녀는 영리하고 아름다운 열일곱 살의 엘로이즈였다.

엘로이즈의 삼촌 퓔베르는 금욕적이고 인색한 사람이었다. 이름난 사상가가 수업의 대가로 사례도 요구하지 않자 처음엔 조금 놀랐지만, 곧 돈을 아끼게 된 것에 몹시 기뻐하며 승낙했다. 다만 삼촌이 모르는 것이 있었으니, 피에르 아벨라르가 보수를 다른 방법으로 챙겼다는 사실이다. 즉 엘로이즈와 아벨라르가 서로 사랑에 빠진 것이다. "그때는 책을 펼쳐 놓고 학

문보다 사랑을 이야기했고, 금언보다 키스를 입에 많이 담았
네. 손은 번번이 갈 길을 잃고 책보다 그녀의 가슴을 향했고,
우리의 눈은 글보다 서로의 눈을 더욱 열심히 읽었지." 아벨라
르는 훗날 이렇게 적었다.

두 사람은 으슥한 서재에서 낭만적이고 정열적인 시간을 보
냈다. 삼촌 퓔베르는 어느 순간 의심이 들었다. 결국 엘로이즈
가 임신하자 경건한 삼촌은 화가 나서 펄펄 뛰었다. 피에르 아
벨라르가 아름다운 엘로이즈와 결혼하겠다고 약속하고 나서
야 진정했다.

그런데 엘로이즈 본인은 결혼할 마음이 별로 없었다. 엘로이
즈가 원한 것은 남편과 기저귀와 살림살이가 아니었다. 낭만
과 사랑과 정열이었다. 그리고 아이라면 그 시절엔 보수를 주
고 다른 사람에게 맡길 수도 있었다. 하지만 삼촌 퓔베르는 가
차 없었고 두 사람은 결혼했다.

엘로이즈는 출산 직후 어린 아들을 친척 집에 맡기고 수녀
원에 들어갔다. 삼촌은 끝내 분노가 폭발했다. 아벨라르가 남
편이란 책무에서 슬쩍 내빼려 한다고 생각했다. 그래서 어느
날 밤 불한당을 고용해 아벨라르를 잔혹하게 거세시켰다. "그
들은 자신들을 한탄하게 만든 도구를 내게서 빼앗았지." 철학
자는 훗날 편지에 이렇게 적었다.

그것으로 사랑은 끝났다. 적어도 육체적인 사랑은 그랬다.

두 사람은 비록 영혼은 여전히 단단히 맺어져 있지만 이제 헤어지기로 했다. 아벨라르는 수도사가 되었고 엘로이즈는 수녀가 되었다. 물론 서로 다른 수도원에서였다. 두 사람은 평생 편지를 쓰며 저승에서 다시 만나리란 희망으로 위안 삼았다. 아벨라르가 세상을 떠나자 엘로이즈는 자신의 수도원 묘지에 묻히도록 조처했다. 게다가 자신이 죽으면 아벨라르의 곁에 묻어 달라고 지시했다. 엘로이즈의 뜻은 실제로 관철되었다. 그렇게 연인은 무덤에서 비로소 다시 하나가 되었다.

사랑의 묘약이 있을까?

"육두구에 구멍을 내서 며칠 동안 겨드랑이에 끼고 다닌
다. 그런 다음 가루로 빻아서 음료에 섞은 뒤 좋아하는 사람
에게 건넨다. 그 사람은 반드시 너를 사랑하게 될 것이다."

이 조언은 16세기에 약초를 다루는 여인들이 사랑의
묘약으로 흠모하는 남자를 차지하려던 소녀들에게
전한 비법이다. 그 당시 극도로 희귀하고 비싼 육두
구 열매는 사랑을 북돋우는 향료로 통했기 때문이다.
이 가루를 먹는 사람은 당장 열정적인 사랑으로 활활
불타오른다고 말이다. 하지만 그 사랑이 아무 소녀에게
나 꽂히면 안 되기 때문에 육두구를 며칠 동안 겨드랑
이 밑에 품어서 개인적인 인장을 찍어야 했다.

겨드랑이 땀에 전 육두구를 탄 음료라니, 퍽이나 맛있겠군. 하지
만 이 요리법도 17세기 독일 귀족인 지빌라가 요한 게오르크 4세
에게 만들어 주었다는 음료에 비하면 완전히 장난으로 보인다. 아
름다운 지빌라도 육두구를 썼다. 하지만 지빌라는 가루로 빻아 음
료에 섞기 전에, 육두구를 입으로 삼켰다가 자연적인 방법으로 배
설하기를 세 번 반복했다. 그 결과 요한 게오르크는 온전히 지빌라
의 것이 되었다. 그래도 따라 하면 안 된다! 육두구는 개암보다 커

서 통째로 삼켰다간 숨이 막힐 수 있다. 게다가 육두구는 정량을 넘기면 건강에 해롭다. 육두구가 다시 배출되지 않고 몸 안에서 소화된다면 불쾌함을 넘어 치명적인 결과를 낳을 수 있다. 그뿐만 아니라, 열망하는 상대가 자신이 마신 음료의 정체를 알기라도 한다면 그것으로 사랑은 확실하게 영원히 끝장이다.

우려와 달리 아무런 문제가 일어나지 않더라도 그런 음료로는 아무것도 이룰 수 없다. 효과가 있는 사랑의 묘약이란 없기 때문이다. 지뷜라와 요한 게오르크의 사랑은 요술이 없어도 어차피 잘됐을 것이다.

그래도 육두구 이야기가 완전히 근거가 없지는 않다. 사랑은 아니라도 어쨌든 성욕을 북돋우는 물질이 있기 때문이다. 이것을 실제로 음료에 섞어 누군가에게 줄 수도 있다. 이것의 이름은 최음제다. 이 낱말의 영어 표기인 'aphrodisiac'은 그리스 신화에 나오는 사랑의 여신 아프로디테의 이름에서 따왔다.

예전에는 수많은 물질이 관능을 자극하는 효과가 있다고 생각되었다. 자극적인 향료가 그랬는데, '몸을 달아오르게' 만들기 때문이었다. 그리고 조금이라도 성적인 환상을 일으킬 만하게 생긴 식료품도 여기에 들어갔는데, 이를테면 아스파라거스, 바나나, 굴 등이 그랬다. 코뿔소의 뿔도 같은 이유로 최음제에 들어갔으며 중국에선 심지어 민달팽이도 정력에 좋다고 여겼다.

오늘날엔 부엌과 냉장고에서 나오는 것 대부분은 정열에 영향을 주지 못한다는 것을 알고 있다. 하지만 캐나다 궬프 대학교의 연구에 따르면 '사프란'과 '인삼'은 정말로 사람의 성욕에 영향을 준다. 이 두 개는 실제로 애정 생활에 아주 특별한 양념을 친다. 또 여자들은 종종 초콜릿을 먹으면 기분이 들뜨는데, 이유가 무엇인지는 아직 알려지지 않았다. 정향, 마늘, 생강, 육두구 등도 시도해 볼 만하다. 적어도 동물 실험에선 효능이 증명되었다. 물론 이때 육두구를 미리 겨드랑이에 끼거나 삼키지는 않았다.

그렇다면 올바른 재료가 있으면 피를 펄펄 끓게 하는 식사를 만들 수 있을까? 아마 아닐 것이다. 연구에서 실험 대상이었던 사람과 동물은 향료를 몇 날 몇 주 이상 쉬지 않고 복용했다.

그래도 함께 요리한다면 무척 낭만적이고 또 에로틱할 수도 있다. 그 때문에 이 책의 부록에는 '두 사람을 위한 만찬'을 만들 수 있는 요리법을 실었다. 생각해 보면 부엌은 대개 집에서 가장 작은 공간이어서 썰고 젓고 하다 보면 어쩔 수 없이 서로 꽤 붙어 있게 된다. 맛보고 집어 먹고 맛있는 냄새를 맡는 등 요리를 하다 보면 온갖 감각이 향연을 벌인다. 그리고 끝으로 촛불 빛을 받으며 함께 식사하면 낭만적인 저녁이 완성된다. 여기에다 특별한 재료까지 써서 분위기에 양념을 조금 친다면, 별 소용은 없겠지만 나쁠 것도 없을 것이다. 그러려면 몇몇 중요한 재료를 더 자세히 알아야 한다.

사랑에 양념을 더하는 향신료 이야기

　　사프란은 세계에서 가장 비싼 향료 중 하나다. 남국에서 자라는 사프란 크로커스 꽃의 암술대로 만든다. 1kg을 얻으려면 꽃이 약 20만 송이가 필요하다. 사프란은 음식을 노랗게 물들인다. 사프란은 아껴서 넣어야 하는데, 한꺼번에 정량인 5g 넘게 사용하면 치명적일 수 있다. 아이와 임산부는 먹어선 안 된다. 순수한 사프란 0.5g은 값이 6~8유로(우리 돈으로 약 7000원~10,000원 정도)이다. 사프란은 쓴맛 때문에라도 아껴서 써야 한다.

　　인삼은 아시아에서 자라는 식물의 뿌리다. 중국 의학에선 피곤하고 지쳤을 때 기운을 북돋우는 물질로 통한다. 뇌의 능률도 올려 준다고 한다. 인삼을 가공하는 방식에 따라 백삼, 홍삼 등으로 구분한다. 백삼은 살짝 쓴맛이 나고, 홍삼은 진하며 조금 비누 같은 맛이 난다. 인삼은 부작용이 거의 없다. 하지만 수술 전에 다량으로 복용해선 안 되는데, 혈액 응고에 영향을 줄 수 있기 때문이다.

생강도 마찬가지로 뿌리로, 열대와 아열대에서 잘 자란다. 맛은 맵고 톡 쏜다. 생강은 박테리아를 죽이고, 염증을 가라앉히고, 구역질을 진정시킨다. 하지만 임산부는 복용해선 안 된다. 이 향료는 수프와 새고기 요리에 잘 맞고, 차로 만들어 마셔도 좋다.

육두구는 아프리카, 아시아, 남아메리카의 거대한 나무에서 자란다. 호두처럼 초록색 헛씨 껍질 속에 박혀 있어서, 열매가 익으면 껍질이 터져서 열린다. 요리에 쓸 때는 갈아서 사용하는데, 감자 요리, 수프, 스튜 등에 잘 맞는다. 육두구는 소량을 써야만 몸에서 잘 받으며, 정량을 넘으면 심한 중독 증상을 일으킬 수 있다. 따라서 언젠가 아름다운 지빌라가 그랬던 것처럼 통째로 삼켜선 절대로 안 된다.

마늘은 모르는 사람이 없다. 이 약용 및 향신료는 전 세계에 널리 퍼져 있다. 이미 고대 이집트 시절에도 피라미드를 짓는 노동자들이 건강을 유지하게 하려고 마늘을 먹였다. 사랑의 만찬에 마늘을 쓰려면 두 사람이 모두 확실히 마늘을 먹어야만 한다.

한쪽이 마늘을 먹지 않으면 상대방의 냄새에 괴로울 수 있다. 마늘 냄새를 없애 줄 채소는 아직 없다. 생강이 마늘 입 냄새에 조금 도움이 된다고 알려졌을 뿐이다.

정향은 정향나무의 꽃봉오리다. 톡 쏘고 강한 맛이 나기 때문에 조금씩 써야 한다.

초콜릿은 많은 사람을 행복하게 만들고 기분을 녹인다. 원인은 아직 알려시시 않았나.

참고로 말하자면 '맛있는 음식이 사랑을 북돋운다'는 주제에 관해서도 과학적인 연구들이 있다.

사랑은 활기차게!
관계를 오랫동안 지키려면 함께 요리를 너무 자주 해선 안 된다고 미국의 어느 연구가 보여 주었다. 연구에서는 부부들을 두 그룹으로 나누었다. 한 그룹은 스키를 타고, 춤추러 가고, 새로운 취미를 배우고, 콘서트를 가는 등 매주 함께 활동하고, 다른 그룹은 편하게 쉬거나, 친구를 방문하거나, 요리를 했다. 10주가 지난 뒤 활동적인 부부는 이전보다 만족한 반면, 집에서 뒹굴거린 부부는 변한 것이 없었다. 함께 짜릿함을 경험하는 것이 둘이서 오붓한 시간을 보내는 것보다 사랑을 지키는 데 좋은 듯 보인다.

요리는 다른 커플과 함께!
앞서 말한 규칙에서 예외가 있다. 또 다른 연구에 따르면, 다른 커플과 함께 요리하고 식사하는 연인은 자신들의 관계를 개선할 수 있다. 다른 커플과의 우정이 결속을 도와주는 것이다.

미식가가 사랑에 빠지면?
정말 제대로 사랑에 빠졌다면 음식 취향은 전혀 중요하지 않다. 브레머하펜 기술학 교류센터에서 실시한 감각 기관 실험에 따르면, 막 사랑에 빠진 이들은 오래된 연인보다 맛에 훨씬 둔감하다고 한다.

특별한 듯 평범한 향기. 바닐라

　아스텍의 왕인 목테수마가 1519년에 스페인 사람 에르난 코르테스를 자신의 궁전에서 맞이했을 때, 왕은 특별한 음료를 대접했다. 쇼콜라틀이라 불리는 그 음료는 물, 카카오, 후추, 바닐라, 옥수숫가루, 약간의 소금으로 만들었다. 목테수마는 날마다 50잔씩 마셨다고 한다. 이 떫은 혼합 음료는 별로 맛있지는 않았지만 코르테스는 그 효능에 깊이 감명받았다. 한 잔만 마셔도 병사 한 명이 하루 종일 맑은 정신을 지키는 데 충분했다. 아스텍 사람들의 장담에 따르면, 이 음료는 또한 두려움을 누르고 기분을 밝게 하며 정열을 북돋워 주었다. 아스텍 여인들은 심지어 쇼콜라틀의 내용물 하나를 피부와 머리카락에 향수처럼 발라서 매혹적인 향기를 냈는데, 그것은 바로 바닐라였다. 난초과 식물에서 생산되는 이 향료는 금방 명성이 퍼져서 온 세계를 정복했다.

　바닐라의 방향물인 바닐린은 실제로 동물의 페로몬과 화학적으로 매우 비슷하다. 예컨대 수컷 빈대는 바닐라 향기로 암컷을 유혹한다. 사람한테도 효과가 있는지는 아직 확실하게 밝혀지지 않았다. 그렇지만 바닐라는 민간요법에서 발기부전 치료제로 쓰이고 있다.

성욕을 높이는 효과가 있으리라 짐작되면서도 '바닐라'라는 단어는 단조로운 섹스를 뜻하는 '바닐라 섹스'라는 표현에 쓰이기도 한다. 바닐라 아이스크림이 세계적으로 가장 사랑받는 아이스크림이기 때문이다. 모두가 좋아하지만, 그 때문에 아무에게도 특별한 것이 못 된다는 말이다.

깊이 사랑하거나 헤어지거나

    소설과 영화는 언제나 행복한 결말로 끝난다. 하지만 진짜 삶에서 사랑 이야기는 소설과 영화가 끝난 지점에서 비로소 본격적으로 시작된다. 그리고 때론 문제기 생기기도 한다. 사랑에 빠진 사람이라고 해서 언제까지나 계속 장밋빛 구름 위를 떠다니지 않는다. 고비가 불쑥불쑥 나타나기도 하고 때론 사랑이 정말 아프기까지 하다.

실연 후에

헤어져.
한 단어.
단 한 문장.
글이나 말로.
그리고 모든 것이 달라졌다.

아아아아아아아아아아아아아아아아아아아아아악!

풍선이 터지면 이런 기분이리라. 조금 전까지만 해도 삶은 둥글
고 탱탱하고 깃털처럼 가벼웠다. 그러다가 펑! 남은 것이라곤 아무
짝에도 쓸모없는 축 늘어진 파편뿐이다.

어떻게 하나의 작은 단어가 세상을 이처럼
완전히 바꿔 놓을 수 있을까? 어떻게 화사하
고 아름답던 것을 한순간에 망가뜨릴 수 있
을까? 어떻게 하는지는 모르겠지만, 실제로
그렇게 한다.

그러고 나면 아픔이 찾아온다. 마음뿐만 아니
라 몸으로도 느낄 수 있다.

실연을 겪어 본 사람이라면 심장이 찢어질 수도 있다는 의사들
의 이야기를 당장 믿는다. 의학계에서 '브로큰 하트 신드롬'이라 부
르는 현상이 있다. 유발 원인은 슬픔과 상실 같은 강한 감정이다.
심장이 정말로 갈기갈기 찢어지는 것은 아니지만 당사자는 그렇게
느낀다. 이것은 단순한 기분만이 아니다. 이 예민한 기관이 정말로
쇼크 상태에 빠지는 것이다. 슬픔이 피 속에 스트레스 호르몬을
증가시키고, 그러면 혈관이 경직되어 심장 근육에 충분한 피가 흐
르지 않게 된다. 그 결과 심한 가슴 통증과 호흡 곤란이 일어난다.
나이 든 사람에겐 이런 감정적 충격이 심지어 치명적인 결과를 가
져올 수도 있다.

브로큰 하트 신드롬까지 가는 경우는 드물지만 실연을 당하면 심장이 종종 아픈데, 이것은 망상이 아니다. 뇌 연구자들에 따르면 감정이 아플 때도 신체가 아플 때와 똑같은 뇌 부위가 활성화된다. 그러면 모든 신경세포가 이렇게 신호를 보낸다. 아얏! 또한 심장 전문가들도 스트레스를 받으면 심장이 정말로 아플 수 있다고 인정한다.

그런데 심장 통증은 실연의 유일한 증상도 가장 심각한 증상도 아니다. 독일 빌레펠트 대학교에서 실시한 어느 심리학 연구에서 설문에 참여한 학생들은 증상과 문제를 끝도 없이 늘어놓았다. 복통. 두통. 순환기 장애. 탈진과 피로. 팔다리 통증. 식욕 부진이나 폭식. 불면. 깊은 슬픔. 분노와 증오와 공격성. 마비된 기분. 불안. 외로움. 일상적인 일을 실행하는 어려움. 의욕 상실. 공허하고 무의미한 기분. 죽음에 대한 생각. 그리고 이런 상태가 몇 주 동안 지속될 수 있다.

이런 증상들은 어디에서 오는 것일까? 끝난 사랑에 너무 집착하는 것일까? 실연을 '살다 보면 그런 일도 있지'라며 훌훌 털고 새로운 사랑에 빠져야 할까? 과학자들은 말한다. 물론 그러면 좋겠지만 불가능하다고. 실연당한 사람의 뇌는 금단 중인 마약 중독자의 뇌와 호르몬 상태가 똑같다. "다시 괜찮아질 거야."나 "남자 / 여자는 얼마든지 또 있어." 같은 조언은 진정한 실연으로 괴로워하는 사람에게 아무런 위로가 되지 못한다.

그래도 두 문장 모두 사실이다. 정말로 모든 사람은 크나큰 절망 뒤에도 언젠가는 다시 행복해진다. 모두가 말이다! 그리고 실연을 극복하고 새로운 짝을 만나면 지금 헤어진 짝보다 잘 맞을 가능성이 크다.

하지만 지금 막 실연을 겪는 사람은 그런 데 관심이 없다. 이 단계에서는 고통을 이겨내고 미래를 보려고 하지 않기 때문이다. 대신에 어떤 대가를 치르더라도 지나간 삶으로 되돌아가려 한다. 그래서 절망과 희망이 고통스럽게 순환한다. 전화, 편지, SMS, 대화, 과장된 어색한 만남, 눈물. 그런 채로 여러 달이 갈 수도 있다.

실연은 무척 공정하다. 남녀노소를 가리지 않고 일어난다. 인생 경험이 풍부한 나이 든 사람조차도 실연으로 큰 불행에 빠질 수 있다. 사랑으로 아픈 이들을 들볶는 질문들에 대해 심리학자와 과학자는 어떻게 대답해 줄까?

내가 무엇을 잘못했을까?

잘못한 것은 없다. 사랑은 옳고 그름의 문제가 아니다. 결코 옳은 행동이나 훌륭한 업적의 대가로 사랑받는 것이 아니다. 사랑은 그런 식으로 작동하지 않는다. 이 관계에서 두 사람은 각자 있는 그대로의 자신이었다. 그런 것이 그저 어느 순간 더는 맞지 않게 된 것이다.

이별을 돌이킬 순 없을까?

그것은 남자 친구의 결심이 얼마나 확고한지에 달려 있다. 심리학자들은 말한다. '루비콘 강'을 아직 건너지 않았다면 결정이 바뀔 수도 있다고. 루비콘은 옛날에 율리우스 카이사르가 병사들을 이끌고 건넌 이탈리아의 강이다. 강을 건넌 뒤론 후퇴란 없었다. 전투를 벌이겠다는 결심을 한 것이다. 우리 인간이 내리는 모든 결정도 마찬가지라고 한다. '루비콘 모델'에 따르면 사람들은 매번 네 단계를 거친다.

1. 어떻게 해야 할지 신중히 검토한다.
2. 행동을 계획한다.
3. 밀고 나간다.
4. 결과를 평가한다.

이미 1단계, 즉 검토 단계가 지나면 루비콘 강을 건넌 것이다. 2단계, 이 단계에선 결정을 확고하게 내린 상태다. 그러니까 상대가 아직 망설이면서 그저 둘의 관계에 미래가 있을까 정도로만 이야기하려 한다면 대화로 상황을 돌이킬 수 있다. 하지만 헤어지자고 말했다면 상대는 무려 3단계까지 온 것이니 상황을 받아들이는 편이 낫다.

물론 연인이 순전히 전략적인 이유로 헤어지자고 했을 수도 있다. 나를 충동질하거나, 아니면 그저 솔로가 됐을 때 어떨까 시험해 보려고 말이다. 그런 경우라면 상대가 마음을 다시 바꿀 수도 있다. 하지만 솔직히 말해서 그런 사람이랑 계속 사귀고 싶을까?

물론 그 사람이 나를 동정해서 두 번째 기회를 주는 것도 가능하다. 예컨대 내가 절망적으로 울면서 매달린다면 말이다. 하지만 우리가 동정을 바라는 것은 아니잖은가.

사랑이 끝난다면, 그것은 진정한 사랑이 아니었을까?

앞에서 소개한 사랑의 삼각형 모델을 떠올려 보자. 그 모델에 따르면 사랑은 3요소로 이루어진다. 바로 친밀(즉 가까움과 애착), 열정, 헌신이다. 누군가 관계를 끝내려 한다면 그 사람은 어쨌든 헌신 의지가 사라진 것이고 어쩌면 열정도 식었을 수 있다. 어떤 이유에서든 관계를 더 이어 나가기 싫은 것이다. 그렇다고 해서 나를 이제 좋아하지 않는다는 뜻은 아니다. 나를 이제 사랑하지 않는다는 뜻도 아니다. 나와의 가까움, 친교, 생각 나눔, 우정, 그런 것은 평생 간직하고 싶을 수도 있다. 그 때문에 이런 상황에서 밉살스러운 말이 종종 나오기도 한다. "우리 그냥 친구로 지내자." 같은 말이.

어쩌면 그 사람은 심지어 육체적인 정을 계속 즐기고 싶을 수도 있다. 하지만 그렇게는 안 된다. 내가 원하는 것은 단순한 우정이나 섹스가 아니기 때문이다. 따라서 이 또한 포기하고 분명하게 끝을 맺는 것이 낫다.

두 사람을 묶은 것이 진정한 사랑이었다면, 그것은 관계가 끝난 뒤에도 흔적 없이 사라지진 않는다. 틀림없이 둘 다 서로에게 평생 특별한 존재로 남을 것이다. 나는 그 사람이 숨 쉬는 한 결코 그에

게 하찮은 존재가 되지 않을 것이다. 그 사람도 나에게 마찬가지다. 그리고 시간이 흘러 이별이 이제 아프지 않게 되면, 두 사람이 정말로 친구로 지낼 수도 있을 것이다.

'그 사람이 아직 나를 사랑할지도 모르는데'
'어째서 우리가 함께할 수 없는 걸까? 함께하고 싶은데……'

바로 그것이 실연의 가장 잔인한 점이다. 실연은 민주적인 투표로 결정할 수 없다. 여기서는 거부표를 던지는 사람이 이긴다.

그 사람 없이는 계속 살 수 없는데

그렇지 않다. 다만 원하지 않을 뿐이다. 적어도 당장은. 그런 기분은 더없이 정상적인 것으로 몸 안의 호르몬 상태 탓이 크다. 앞서 말한 마약 중독자처럼 말이다. 하지만 그런 상태도 다시 변한다. 정말로.

지금으로선 이런 말이 아무런 도움이 되지 못하지만 상황을 인정사정없이 냉정하게 보자. 나는 그 사람을 사랑한다. 좋다. 그 말은 그 사람이 행복하길 바란다는 뜻이다. 그 사람이 살고 싶은 대로 살 수 있기를. 그 사람을 들볶고 괴롭히는 일이 없기를. 그렇다면 나는 이제 그 사람을 놓아줘야 한다. 이것은 사랑의 명령이기도 하다. 지금 그 사람은 내가 없는 삶을 바라고 내가 없어야 더 행복하기 때문이다.

물론 지금 나는 그 사람을 위해 무조건 희생할 만큼 이타적일 겨를이 없다. 또 그래야 할 의무도 없다. 내가 다시 행복해지는 것과 누군가로부터 돌봄을 받는 것 또한 못지않게 중요하다. 그리고 여기서 나를 돌봐 주어야 할 사람은 다름 아닌 나 자신이다.

하지만 깊고 어두운 구덩이에 빠져서 온 세상과 특히 자기 자신을 미워할 때면 자신을 잘 돌보기란 어렵다. 사실 거의 불가능하다. 그래도 이것은 인생에서 넘어야 할 과제다. 스스로 심리전문가가 되어서 어떻게 해야 자신에게 좋은지 잘 생각해야 한다.

명심해야 한다. 이제 중요한 것은 그 사람을 되찾는 방법이 아니라 순전히 나 자신이 다시 행복해지는 방법이다. 그 사람이 없이 말이다.

쥐도 아는 사랑의 쓴맛

프레리 들쥐도 실연으로 앓는다. 레겐스부르크 대학교의 신경생물학자 올리버 보슈와 애틀랜타 여키즈 연구소의 래리 영이 이를 증명했다. 이 쥐는 보통 안정된 짝을 이루며 산다. 실험에서 연구자들은 프레리 들쥐 몇 마리를 남성용 셰어하우

스에서 살도록 했다. 다른 쥐들은 사랑하는 쥐와 함께 우리에서 지냈다. 며칠 뒤에 연구자들은 모든 수컷 쥐를 같이 살던 쥐와 떼어 놓았다.

남성용 셰어하우스에 살던 싱글들은 아주 잘 지냈다. 동무를 보지 못해도 상관없었다. 하지만 짝과 떨어지게 된 쥐들은 말 그대로 완전히 축 처졌다. 일반적으로 프레리 들쥐는 사람이 꼬리를 잡고 거꾸로 들면 버둥버둥 몸부림친다. 이별을 맞아 낙담한 쥐들은 그러지 않았다. 과학자들이 우울증 약을 처방하고 나서야 비로소 생존 의지를 되찾고 다시 저항했다.

쥐 또한 실연의 슬픔에 빠진다는 사실은 과학자에게 중요한 수확이다. 이별할 때 느끼는 슬픈 감정에 생물학적 기능이 있다고 추론할 수 있기 때문이다. 아마도 그런 감정은 동물이나 사람이 변함없는 사랑과 정절을 지키도록 도와주는 듯하다. 사람이든 쥐든, 실연이 얼마나 끔찍한지 겪어 본다면 다음부터는 결코 자신의 관계를 경솔하게 다루지 않을 것이기 때문이다. 따라서 실연은 우리가 장차 행복한 사랑을 일굴 수 있게 준비시켜 준다.

무엇을 할 수 있을까

이별한 뒤 여러 주가 지나도 여전히 희망의 빛이 보이지 않는다면 의사에게 상담을 받는 것도 좋다. 그것은 옳은 행동이며 전혀 창피한 일이 아니다. 이별은 인생에서 아주 힘겨운 고비일 수 있고, 그런 경우 전문적인 도움이 필요하다. 하지만 그전에 혼자서 몇 가지 방법을 시험해 볼 수 있다. 어쩌면 아픔이 덜어지고 하루하루 조금씩 편해질 수도 있다.

생물학적으로 봤을 때 자기 안에서 어떤 일이 벌어지고 있는지 먼저 이해한다면 도움이 된다. 실연에는 네 단계가 있다. 모든 사람은 그 단계들을 꼭 통과해야만 한다. 기간이 얼마나 걸리는지는 사람마다 다르며, 사귄 시간과 그 시간 동안 함께 겪은 일의 많고 적음에도 좌우된다.

헤어진 직후에는 1단계 이별의 충격이 온다. 이 시기에는 벌어진 현실을 믿기조차 어렵다. 지금 꿈을 꾸고 있으며 언젠가는 깨어날 수 있을 것만 같다. 이 단계에서 사람들은 두 번째 기회를 바란다. 헤어진 짝에게 밤낮으로 전화하고, 이야기 좀 하자며 빌고, 어떤 희생을 치르더라도 모든 것을 되돌리려 한다. 범인은 도파민 호르몬 과잉이다. 도파민은 원래 행복 호르몬으로, 사랑에 빠졌을 때 몸에서 분비된다. 그리고 지금 이별 단계에서도 사랑에 처음 취했을 때와 똑같이 도파민이 넘쳐서 헤어진 짝을 처음 그때처럼 장밋빛 안경으로 미화해서 보게 한다. 하지만 그러다가 관계가 끝났다는 데 생각이 미치면 뇌가 스트레스 호르몬을 분비하고, 그러면 이 조합이 전의를 북돋운다. 무슨 수를 써서라도 사랑하는 사람을 되찾고 마약, 즉 행복 호르몬을 이대로 지키려는 것이다. 이 단계에서는 사랑과 미움과 눈물이 서로 쉽게 넘나든다. 그러면 접시와 찻잔이 날아다니거나 문이 쾅쾅 닫힌다. 또 원래는 얌전했던 사람이 스토커로 변할 수도 있다.

2단계. 여기선 안타깝게도 상황이 나아지지 않고 오히려 나빠진다. 행복 호르몬 수치가 현저하게 떨어지기 때문이다. 마비가 지나간 뒤 절망이 깨어나고 정말로 몹쓸 상태가 된다. 마치 동물 실험을 당하는 쥐 같은 기분이 들 것이다. 아무 일도 할 수 없을 만큼 기운이 없고 어떤 일도 재미가 없다.

하지만 이런 단계를 거치고 나면 마침내 지평선에 다시 빛이 보인다. 3단계에선 문득 미래가 그리 암울해 보이지 않고, 과거도 비현실적인 장밋빛으로 보이지 않는다. 이제 호르몬의 노리개에서 벗어나 진짜 감정을 마주하게 된다. 그리고 헤어지기 전에도 이미 문제가 있었음을 종종 깨닫는다. 더 나아가 언젠가 새로운 사랑을 만나 더 행복해질 모습도 상상하게 된다.

마지막 4단계에선 아픔을 극복하고 마음의 평정을 되찾는다. 헤어지기 성공!

실연의 슬픔에서 빨리 벗어나는 방법

과학적으로 입증된 다음 여섯 가지 가속 비법을 한번 시도해
보자.

펑펑 울기

책을 보면 인간이 세상에서 유일하게 웃을 줄 아는 생물이라고
들 한다. 하지만 잘못된 말이다. 동물도 웃을 수 있다. 개와 침팬지
가 그렇고, 새끼 쥐도 간질이면 웃는다. 하지만 인간은 유일하게 울
수 있는 생물이다. 왜 그럴까? 아마도 인간은 이성을 사용함으로써
감정의 절정과 심연 또한 무수히 겪기 때문일 것이다. 심리적 스트
레스를 대비해 자연이 일종의 과류 방지 밸브를 마련해 주었다고
생각할 수도 있다. 울음이 스트레스를 해소해 주기 때문이다. 네덜
란드 틸뷔르흐 대학교의 심리학자들이 이를 더 자세히 연구했다.
처음에 눈물이 터지면서 감정이 폭발하면 우리 몸은 일단 더 많은
스트레스를 받는다. 맥박이 빨라지고, 땀샘이 활발해지고, 혈압이
올라간다. 하지만 그러다가 정확히 반대가 된다. 차분하게 진정되
는 것이다. 따라서 울음은 기분을 치료하는 일종의 민간요법인 셈
이다. 발이 차가울 때 더욱 차가운 물로 자극하면 피가 통하는 효
과가 있듯이 심리적 스트레스도 한번 제대로 흐느껴 울면 도움이
될 수 있다. 덧붙여 말하자면 남몰래 혼자 우는 것은 효과가 더 작
다고 한다.

다른 사람과 이야기하기

뇌 연구자들에 따르면 감정에 관해 이야기하는 것도 마음의 아픔을 이겨내는 데 도움이 된다. 절망과 두려움과 슬픔을 말로 옮기면, 감정이 뇌의 다른 부위로 넘어간다는 것이다. 아픔을 관장하는 중추에서 우리가 감정을 제어할 수 있는 영역으로 말이다. 슬픔이 우리 머리의 이쪽 '구석'으로 오면 우리는 슬픔에 훨씬 잘 대응할 수 있다. 그런데 이야기할 사람이 지금 아무도 없다면? 일기를 쓰는 것도 좋다!

신체 접촉

키스, 포옹, 애무. 신체 접촉을 하면 친밀감 호르몬인 옥시토신이 분비된다. 지금은 옥시토신이 부족하고 그 때문에 금단현상도 초래되는 것이다. 다른 사람의 품에 편안히 안겨 보자. 친구나 형제자매나 부모의 품에. 아니면 고양이나 개를 껴안아 보자. 물론 연인과 똑같진 않겠지만 그러고 나면 기분이 나아질 것이다.

남을 도와주기

삶이 더는 재미가 없다고? 그렇다면 다시 즐거움을 느낄 때까지 자신의 삶을 남들에게 선사해 보자. 그것은 스스로에게도 유익하다. 남을 도우면 행복해지기 때문이다. 누군가 이사 도우미, 보모, 말벗, 아니면 선행이 필요하다고? 기회다! 다른 사람의 얼굴에 미소를 피워 내면 자신의 심장을 짓누르는 돌덩이가 곧바로 몇 킬로그램쯤 가벼워질 것이다.

새로운 사랑

관심 가는 사람이 있는데 벌써 새로운 연애를 해도 좋을지 모르겠다고? 마음 편하게 시도해 보자! 연구에 따르면 실연을 극복하는 데 새로운 사랑만큼 좋은 것은 없다. 하지만 사랑에 빠진 척하는 것은 효과가 없다. 정말로 불꽃이 튀어야 한다. 그러니까 되도록 빨리 삶으로 다시 뛰어들자! 안 그러면 심장을 뛰게 할 사람을 어떻게 찾겠는가?

사랑 2.0

새로운 미디어, 새로운 문제. 노트북이든 스마트폰이든 인터넷 게시판이든 소셜 네트워크든, 장밋빛 시기에 사람들은 연인과 함께 찍은 행복한 사진을 곳곳에 저장한다. 그랬다가 헤어지고 나면 어디를 클릭하든 그 사진들이 여기저기서 튀어나온다. 학자들에 따르면 이제 이 기억을 삭제하는 것만큼 어려운 일은 없다. 그리고 무엇보다 가장 어려운 클릭은 소셜 네트워크에서 연애 상태를 '싱글'로 클릭하는 것이다. 친한 친구에게 괴로운 기억을 대신 삭제해 줄 수 있는지 물어보자. 하지만 주의할 점이 있다. 가장 아름다운 사진들은 나중에 다시 찾을 수 있게 어딘가에 저장해 달라고 부탁하는 것이 좋다. 행복했던 시간을 기억시켜 줄 것을 모두 삭제한다면 나중에 언젠가 후회한다는 사실도 학자들이 알아냈기 때문이다.

참고로 인터넷 시대의 사랑에선 새로운 문제만 있는 것이 아니라 새로운 기회도 있다. 'Rekindling'(우리나라의 동창 찾기 앱과 비슷하다)이라 불리는 새 경향은 이별의 시간에 어쩌면 위안이 될지도 모르겠다. 몇 년 혹은 몇십 년 뒤에 소셜 네트워크 어딘가에서 다시 '만나서' 청소년 시절의 사랑을 새로이 지피는 커플이 점점 많아지는 것이다. 그렇게 해서 사랑 이야기가 때론 나중에 가서 결국 행복한 결말을 맞기도 한다.

베르테르는 정말 사랑 때문에 죽었을까?

괴테의 소설 《젊은 베르테르의 슬픔》은 위험 요소와 부작용을 품은 책이었다. 이 서간체 소설은 1774년에 등장했을 때 많은 젊은이의 삶을 바꾸었다. 심지어 젊은이들의 삶을 끝장내기도 했다. 그들이 학교 수업 시간에 '베르테르'로 달달 들볶이다가 괴로워하며 앓아누웠다는 말이 아니다. 그것은 오늘날의 문제이며, 당시에는 완전히 달랐다. 괴테가 쓴 이야기는 당시 많은 청년의 생활 감정에 정확히 명중했고 그들은 베르테르의 기분에 전염되었다. 그리고 베르테르의 이야기는 행복한 결말이 아니었다.

《젊은 베르테르의 슬픔》은 제목에서 알 수 있듯이 베르테르라는 젊은 남자가 큰 슬픔에 빠진 이야기다. 베르테르는 젊고 예쁜 로테를 처음 본 순간 격렬한 사랑에 사로잡힌다. 그리고 뇌우가 오던 어느 날 로테가 베르테르와 똑같은 시를 떠올리자 베르테르는 확신한다. 두 사람은 영혼의 단짝이라고. 하지만 로테는 의무감으로 다른 남자와 결혼한다. 아니면 이성에 따른 선택이었을 수도 있다. 베르테르는 극단적이고, 감정이 지나치게 풍부하고, 광적이고, 우울하고, 믿음이 덜 가는 사람이기 때문이다.

"아, 이 균열! 무서운 균열이 여기 내 가슴에서 느껴지는구나!" 베르테르는 로테가 결혼식을 올린 뒤 이렇게 외치며 눈물을 쏟는다. 그 시절엔 남자들도 감정이 엄습하면 거리낌 없이 울었다. 베르테르가 울기만 한 것은 아니다. 자신의 비애에 맞서 싸우지만 지고 만다. 결국 로테가 예전에 손수 닦아 놓은 총으로 자신을 쏜다. "일꾼들이 관을 운반해 갔습니다. 따라가는 성직자는 없었습니다." 책은 이렇게 끝난다.

베르테르는 사랑 때문에 죽은 것일까? 오늘날 심리학자들은 아니라고 말한다. 그 젊은이는 틀림없이 심리적으로 병들었으며, 로테가 말을 들어 주었더라도 자살했을 것이라고 말이다. 병들었든 아니든, 이 책은 컬트가 되었다. 젊은 남자들은 갑자기 베르테르처럼 푸른 연미복에 노란 바지를 입었고 젊은 여자들은 '베르테르 향수'를 뿌렸다. 모든 이들이 사랑하고 슬퍼했으며, 몇몇 젊은 남자는 소설을 손에 쥐고 자신의 목숨을 거뒀다고도 한다.

도덕에 엄격한 교육자들은 그 때문에 청년들에게 독서 중독의 위험성을 집요하게 경고했다. 독서 중독은 "창자에 힘이 빠지고, 점액이 과다해지고, 가스가 차고, 폐색이 일어나도록"

만들 수 있었으며, 또한 풍기 문란과 타락한 삶을 초래할 수도 있었다. 그리고 그들은 학생들이 다른 성별과 되도록 접촉하지 못하게 더욱 엄격히 감시했다. 바로 그것이 그들의 잘못이었다. 그 시절 사람들은 남녀를 엄격히 떼어 놓고 기르면서 '순결한 영혼'을 보호하기 위해 육체의 '더러운' 충동은 되도록 오랫동안 묻어두려 노력했다. 몇 년, 심지어 몇십 년 동안, 결혼해서 '배우자의 의무'를 질 때까지 말이다. 바로 괴테가 그랬다. 이 위대한 시성이 첫 경험을 서른아홉 살에 했으리라 학자들이 추측한다. 결국 그 시절에 젊은 남녀가 사랑에 빠졌을 때 극단적인 모습을 보인 것도 놀랄 일이 아니다. 그들은 그저 자신의 감정에 잘 대처하지 못했다.

베르레르
향수

사랑에도 도덕이 필요할까?

괴테 시대 이후로 도덕관념은 느슨해졌다. 19세기만 해도 숙녀는 손은 물론이고 목 아래 신체 부위도 밖으로 내보이지 않았고 그런 것은 대화에서조차 언급될 수 없었다. 또 그들은 절대로 임신하지 않았다. 기껏해야 '경사가 기대될' 뿐이었다. 그리고 팬티는 이 시대에 '이름을 말할 수 없는 것'이라 불렸다. 달리 어쩔 도리가 없을 때만 언급할 뿐이었다. 심지어 일부 엄격한 도덕가들은 청소년들이 '음란한' 생각에 빠지지 않도록 책을 남성 저자와 여성 저자로 구분해 책장에 따로 정리했다고 한다. 오늘날엔 다르다. 우리는 여름이면 몸을 손바닥만큼만 덮기도 한다. 이야기도 가리지 않고 할 수 있다. 그리고 책에서도 모든 금기가 깨졌다.

그런데 이상하게도 사랑 이야기만 나오면 오늘날에도 도덕이란 주제가 당장 튀어나온다. 예를 하나만 들어 보자. 남자 친구가 우리 집에서 밤을 보내도 될까? 나랑 같은 방에서? 친구가 자전거를 밤사이 우리 집 앞에 대놓아도 괜찮을까? 이웃들이 전부 보도록? 아니면 엄마 아빠가 반대할까? "그건 안 되지", "그러는 법이 아니야", 또는 심지어 "도덕은 어디에 갖다 버렸니?" 같은 말을 할까?

그러면 나는? 나는 엄마 아빠와 생각이 전혀 달라서 누가 우리 집에서 밤을 보내든 남들이 무슨 상관이냐고 생각할까? 사랑에선 다른 도덕 규칙이 훨씬 중요하다고 생각할까? 이를테면 '친구의 연애 상대는 건드리지 마라', '절대 SMS로 이별을 통보하지 마라' 같은 규칙이? 누가 옳을까?

많은 사람이 세상을 '선과 악', '옳음과 그름'으로 나눈다. 우리는 모두 도덕 규칙을 가지고 그 규칙에 따라서 살아간다. 다만 무엇이 옳고 무엇이 그른지에 대해서만은 수천 년이 지나도록 뜻을 모으지 못했다. 심지어 그 때문에 전쟁이 일어나기도 했는데, 그야말로 정말 비도덕적인 일이다. 아니면 비도덕이 아닐까? 역사가 보여 주듯 그에 대해서조차도 의견이 갈릴 수 있다. 그렇다면 대체 도덕이란 무엇일까? 사람마다 자신만의 도덕이 있을까? 아니면 보편타당한 도덕이 있을까? 모든 사람에게 통하지만 안타깝게도 모두가 따르지 않을 뿐인 그런 도덕이? 만약 그렇다면 그런 규칙은 누가 정한 것일까? 신? 자연? 진화? 아니면 다른 누가? 혹시 동물계의 사례를 찾아보면 답을 찾는 데 도움이 될지도 모르겠다.

약 150년 전, 진화론의 창시자인 찰스 다윈은 도덕이 인간과 동물의 가장 큰 차이점이라고 믿었다. 다윈의 생각에 따르면 오로지 인간만이 세상을 선과 악으로 나누며 그것을 기준 삼아 행동하고 타인을 평가하려 노력한다. 그에 반해 동물은 순전히 본능에 따라 행동한다. 따라서 도덕은 자연법칙이 아니라 '인간 문화'의 산물이다.

하지만 이 말이 맞을까? 동물은 정말로 도덕을 모를까? 네덜란드 동물학자 프란스 드 발은 생각이 다르다. 원숭이도 옳음과 그

름의 개념이 있으며 심지어 정의라는 개념도 있음을 알아낸 것이
다. 드 발은 원숭이가 돌을 하나 내주면 그 대신 작은 오이 조각
을 선물하는 실험을 했다. 원숭이들은 금세 원칙을 이해하고 흔쾌
히 돌을 오이와 맞바꾸었다. 하지만 연구자가 똑같은 돌을 받으면
서도 몇몇 원숭이에게는 훨씬 맛있는 포도를 주고 나머지에는 계
속 오이를 주자, 차별당한 원숭이들은 화가 나서 돌을 내주지 않았
다. 그러다가 한 원숭이가 심지어 공짜로 먹음직한 포도를 받자 인
내심에 한계가 왔다. 갑자기 돌과 오이가 우리 안을 가로질러 연구
자 쪽으로 날아왔다. 원숭이들이 화가 단단히 난 것이다. 그러니까
거래가 공정한지 불공정한지 인식할 줄 아는 것이 분명했다. 하지
만 포도는 날아오지 않았다. 공정함을 인식하는 원숭이들의 감각
이 부당하게 받은 포도를 거부할 만큼은 아니었던 모양이다.

어린아이도 비슷하게 행동한다. 그것도 세계 곳곳에서 그렇다.
따라서 정의를 지키고 부정한 이들을 벌하려는 바람은 도덕적인

자연법칙으로서 유전자에 새겨진 것일지도 모른다. 역사를 들여다보면 널리 퍼진 또 하나의 도덕 규칙이 발견된다. 사람들은 수천 년 전부터 종교와 문화를 가리지 않고 전 세계에서 이른바 '황금률'을 지키고 있다. 황금률이란 언제나 자신이 대접받기 원하는 대로 남을 대하라는 것이다. 예컨대 중국의 철학자인 공자의 어록을 보면 이렇게 적혀 있다. "자기가 원하지 않는 일은 남에게도 행하지 말라. 그러면 나랏일에서도 집에서도 원망을 사지 않으리라." 이것은 옛 오리엔트의 글에서도 발견된다. "아들아, 너에게 불쾌한 일을 동포에게 행하지 말지어다. 사람들이 너에게 해 주기 바라는 대로 너도 모두에게 행할지어다." 또한 성경에도 여러 차례 나온다. "그러므로 무엇이든지 남에게 대접을 받고자 하는 대로 너희도 남을 대접하라." 이것은 또 이슬람의 계율이기도 하다. "너 자신에게 바라는 것을 남에게 베풀어라, 그래야 모슬렘이 될 것이다." 철학자 임마누엘 칸트는 이 규칙을 '정언 명령'으로 바꾸어 말했다. "네 의지의 준칙이 언제나 동시에 보편적 입법의 원리가 되도록 행동하라." 그리고 민간에선 간단하고 알기 쉽게 이렇게들 말한다. "남에게 당하기 싫은 일은 남에게 하지도 마라." 따라서 이 규칙도 세상 모든 사람이 선하고 옳게 여기는 도덕적인 자연법칙일 것이다.

하지만 사랑 문제에서는 유독 풍습과 관례가 세계 어디에서나 통하지 않을 때가 많다. 예를 들자면 오늘날에도 세계에는 다양한 키스 법이 존재한다.

키스에 관한 규칙도 가지가지

인도네시아, 말레이시아, 두바이, 인도, 일본 등에선 공공장소에서의 키스가 흔치 않으며 금지된 일도 있다. 그런 것에 개의치 않고 키스하는 사람은 나라에 따라서 벌금, 자유형, 심지어는 채찍질로 값을 치러야 한다.

프랑스와 영국 워링턴에선 또 다른 이유로 키스가 금지된다. 그곳에선 여행객이 플랫폼에서 키스하면 안 된다. 눈물겨운 이별 장면이 열차 운행을 자꾸 지연시키기 때문이다. 독일에선 교통 기관의 조종석에서만 키스가 금지되어 있다.

남아프리카에선 열여섯 살 아래 청소년은 공공장소에서도 집에서도 키스하면 안 된다. 미국 테네시 주에선 교사에게 학생들이 키스나 다른 애무를 하지 못하도록 막아야 할 법률상 의무가 있다.

냉전 기간에 구 '동유럽' 정치인들은 사회주의 형제 키스를 나누었다. 이때 남자들은 서로 뺨이나 입에 키스했다. 오

늘날 러시아에선 동성 연인 사이의 키스가 금지되어 있다. 자메이카, 쿠웨이트, 모로코, 잠비아, 알제리, 기타 여러 나라에서도 동성 커플이 공공장소에서 키스하면 강력한 처벌을 받을 수 있다. 예컨대 사우디아라비아에선 태형을 당한다.

이누이트는 코를 서로 비비는 것으로 키스한다고 알려져 있지만 그것은 소문이다. 실제로는 키스가 아니라 인사다. 서로 코와 뺨의 냄새를 맡는 것으로 인사하는 것이다. 뉴질랜드 마오리족의 '홍이'도 비슷한 인사법이다. 코를 서로 맞대고 상대방의 숨결을 느끼는 것이다.

파푸아뉴기니의 어느 남태평양 민족은 연인끼리 서로 속눈썹을 다정하게 깨무는 것으로 키스를 대신한다.

많은 나라에선 흔히 친구나 지인끼리 인사로 뺨에 키스한다. 이탈리아, 스페인, 포르투갈(키스 두 번), 스위스, 네덜란

드(세 번) 등이 그렇다. 프랑스는 무척 복잡하다. 파리에선 두 번, 다른 지역에선 세 번이나 네 번 오른쪽과 왼쪽 뺨에 키스 한다. 어떤 사람은 숨결로만 키스하고, 또 어떤 사람은 제대로 쪽 소리를 내며 키스한다.

인사로 키스할 땐 대개 왼쪽 뺨부터 시작하지만 늘 그런 것 은 아니다. 따라서 언제든 충돌이 일어날 수 있다. 심지어 추 파를 목적으로 고의로 그럴 수도 있다. 그러면 입끼리 정면으 로 만나게 된다.

그런 것을 원하지 않는 사람은 알아둘 것. 모든 사람의 3분 의 2는 키스할 때 기본적으로 고개를 오른쪽으로 돌린다. 태 어나면서부터 그렇다. 고개를 오른쪽으로 돌리는 사람, 즉 키 스를 왼쪽 뺨에 보내는 사람은 따라서 통계상 불상사를 당할 위험이 더 적다.

이처럼 어떤 일은 하고 어떤 일은 안 하는 것이 일반적인가에 대한 견해는 역사가 흐르면서 바뀌고, 또 나라에 따라서도 변한다.

그런 규칙은 어떻게 생겨날까? 그리고 어째서 종종 의미도 근거도 없어 보일까? 인도의 예수회 사제 앤서니 드 멜로가 이와 관련해 알기 쉬운 이야기를 들려준 바 있다.

인도의 어느 구루가 매일 저녁 제자들과 모여 문답을 나누었다. 그럴 때면 늘 고양이 한 마리가 건물 안으로 슬쩍 들어왔다. 고양이는 이리저리 돌아다니며 제자들의 주의를 흩트려 놓았다. 마침내 구루는 고양이가 그러지 못하도록 제자들과 모일 때마다 문밖에 묶어 두도록 했다.

그렇게 시간이 흘러 어느덧 구루가 세상을 떠났다. 하지만 제자들은 여전히 만날 때마다 고양이를 단단히 묶어 놓았다. 그러다가 고양이도 죽자 제자들은 새로운 고양이를 구해서 문밖에 매어 놓았다. 수백 년이 지나서 구루의 추종자들은 종교 예배를 볼 때 고양이를 묶어 놓는 행위가 지니는 극히 중요한 역할에 대해 학술적인 논문을 썼다.

이 이야기가 보여 주는 바는, 여러 규칙이 원래는 확실한 이유가 있었지만 나중에 언젠가는 그 이유를 잃는다는 것이다. 그런데도 당사자들은 그런 규칙을 종종 당연하게 여겨서 아무런 반성도 하지 않고 시대에 뒤떨어져도 깨닫지 못한다. 그러다 보면 규칙은 그 근거를 잃은 뒤에도 수백 년 동안 효력을 유지한다.

수십 수백 년 전의 경직된 성도덕에 대해 다시 이야기해 보자. 그 시절엔 많은 신앙인이 혼전 섹스는 지옥으로 곧장 떨어지는 길이라고 생각했다. 비록 성경 어디에도 그런 구절은 없지만 말이다. 하지만 그런 믿음이 엄격한 규칙의 유일한 이유는 아니었다. 사람들은 그런 규칙으로 젊은이들을 아주 현실적인 '위험'에서도 보호하려 했다. 이를테면 임신과 성병으로부터 말이다. 19세기 들어서 여자들은 교육 수준과 자의식이 점점 높아졌다. 갑자기 많은 여자가 자신을 경제적으로 돌봐 줄 부유한 남자라면 아무나 택해서 결혼하려는 생각을 버리게 되었다. 여자들은 자신이 정말로 사랑하는 남편을 원했다. 물론 그러려면 결혼하기 전에 먼저 사랑부터 해야 했다. 그런데 자유로운 사랑은 그 시절엔 요즘보다 훨씬 위험했다. 뜻하지 않게 임신이라도 한다면 재앙이나 다름없었다. 홀몸으로 아이를 낳아 기르면 일을 할 수 없었고, 따라서 곤궁에 처했기 때문이다. 그런데도 믿을 만한 피임 수단은 없었다. 또한 매독이나 임질 같은 성병도 이 시대엔 큰 문제였다. 성병을 치료할 항생제도 아직 발명되지 않았다. 따라서 사람들은 청년들을 성이란 주제에서 멀리 떼어 놓고 심지어 일부러 겁까지 주어 가면서 육체적인 '정욕'으로부터 보호하려 노력했다.

이런 보호 때문에 청년들이 치른 대가는 컸다. 지극히 자연스러운 생리 현상을 아무도 설명해 주지 않았기 때문에 많은 청소년이 사춘기에 접어들어 이유도 모르게 신체와 감정이 변할 때 패닉에 빠지고 병이 났다. 몇몇은 심지어 그 때문에 자살까지 했다. 19세기 지크문트 프로이트 같은 의사들이 신체적 질병과 정신적 문제의 연관성을 발견한 것도 다 이유가 있었다. 그 몇십 년 동안 정신적 압박 때문에 삶의 의욕을 잃어버린 환자들을 유별나게 많이 만난 덕분이다.

오늘날엔 피임 도구와 성병 치료약이 있고, 유치원과 시간제 일자리와 패치워크 패밀리(조각보 가족. 획일적이고 당위적인 가족의 모습이 아니라 조각보처럼 서로 다른 구성원이 만나 새롭게 만들어진 가족 형태) 같은 새로운 가족 형태도 있다. 사랑과 섹스는 이제 옛날처럼 '위험'하지 않다. 그런데도 엄격한 도덕 규칙은 그대로 남아서 여러 사람의 내면에 깊이 자리 잡고 있다. 그것은 사실은 '구루의 고양이', 즉 실제 의미는 다 잃어버린 의례에 불과하다. 덧붙여 말하자면, 의미 있고 충분히 이해할 만한 원인이 전혀 없는 도덕 명령과 금지도 있

다. 그것은 뿌리가 완전히 다르다.

한 가지 예는 '동성애'다. 동성애는 과거 언제나 있었으며 앞으로도 언제나 있을 것이다. 이미 고대의 길가메시 서사시에서도 두친구 길가메시와 엔킨두의 관계는 분명히 단순한 우정을 넘어선것이었다. 그런데도 인간 사회가 동성애를 대하는 태도는 사회마다큰 차이가 있다. 태도가 때론 유연할 때도 있어서, 몇몇 나라에선일찍이 동성애를 아주 당연한 것으로 받아들였다. 예컨대 옛날 중국과 일본이 그랬다. 그리고 오늘날 여러 나라에선 동성 연인이 결혼하거나 호적 사무소에 반려자 관계를 등록할 수 있다. 예컨대 독일, 오스트리아, 스위스가 그렇다.

하지만 동성애를 대하는 태도가 전혀 유연하지 않은 나라도 있다. 예나 지금이나 동성애를 질병, 도덕적 죄, 심지어 범죄로 간주

할 때가 잦다. 독일도 몇 십 년 전만 해도 그랬다. 여러 나라에선 오늘날에도 남성 간의 동성애는 사형으로 벌을 받는다.

하지만 동성애 차별은 구루의 고양이 이야기와 달리 의미 있는 근거가 전혀 없다. 여기에는 도덕이나 비도덕과 상관없는 다른 원인이 있었다. 자긍심이 약한 사람들이 종종 타인을 배제하고 억압하는 경향을 보이는 것이 바로 원인이었다. 동성애 혐오증, 즉 동성애에 대한 적의는 그런 까닭에 외국인 혐오, 인종 차별, 또는 여성 차별과 뿌리가 같은 것으로 보인다.

그렇다면 도덕이란 과연 무엇일까? 여러 나라와 인류 역사를 살펴본 결과 도덕은 전 세계에 통용되는 소수의 도덕 규칙, 종교적 교리, '구루의 고양이', 그리고 교육과 개인의 양심과 두려움이 빚은 우리의 생각 등이 뒤섞인 칵테일이다. 오늘날엔 도덕 규칙이 옛날보다 다양하게 통용된다. 저마다 자신만의 규칙이 있다. 그 때문에 한편으론 새로운 자유가 열리지만, 다른 한편으론 싸움이 일어나기도 한다.

이 장 맨 앞에서 물었던 질문으로 돌아가 보자. 남자 친구가 내 집에서 밤을 보내도 될까? 그렇게 해도 정상일까? 양쪽이 모두 몇 살 이상이면 법적으로도 전혀 문제되지 않을까? 아직 법적으로 성인이 아니면 그럴 만한 타당한 이유가 있을 때 부모는 남자 친구와의 모든 교제를 합법적으로 금지할 수 있다. 타당한 이유란 그 남자 친구가 해롭거나 위험하다고 판단될 때 같은 것이다. 게다가 부모는 원칙적으로 이유를 밝힐 필요도 없이 하루 중 어느 때든 남자 친구가 집에 발을 못 들이도록 막을 수 있다. 따라서 남자 친구가 우리 집에서 밤을 보낼 수 없더라도 법적으로 부모를 이길 가능성은 거의 없다.

하지만 지금은 많은 청소년이 부모와 서로를 잘 이해하며 이런 주제를 터놓고 이야기할 줄 안다. 그러니까 한번 시도해 보자. 차분한 분위기에서 나의 도덕관념을 부모에게 이야기하고 부모의 도덕관념을 물어보자. 그러면 부모의 이유를 더 잘 이해하고 어쩌면 받아들일 수도 있을 것이다. 또한 부모도 세상을 한번 나의 눈으로 볼 수 있을 것이다. 그렇게 되면 양쪽이 함께 타협의 길을 찾을 수 있다.

우표로 말해요

과거에는 청소년들이 부모와 도덕에 관해 토론하지 않았다. 그런 일은 생각도 할 수 없었다! 그 대신 많은 이가 몰래 제 갈 길을 갔다. 19세기에 쓴 어느 책에선 이런 대목이 있다.

"자신의 운명에 눈 뜨기 시작하는 어린 처녀는 거친 봄바람이 꽃봉오리를 해치지 못하도록 대개 세심한 보호를 받는다. 그리하여 청년들은 처녀를 만나거나 글로 생각을 나누는 데 어려움을 겪는다. 하지만 우표 언어가 모든 어려움을 풀어준다. 사랑하는 이들은 우표 언어로 꼼꼼한 감시를 뚫고 원하는 말을 얼마든지 할 수 있다."

요령은 이랬다. 사랑하는 사람에게 익명으로 우편을 통해 부모 눈에 안 띌 만한 광고지를 보냈다. 그리고 할 말은 우표에 담았다. 우표가 붙어 있는 방식이 비밀 메시지를 전달하는 것이다. 그러면 그 의미는 흠모 대상이 책을 찾아보아 해석할 수 있었다.

예전에는 꽃도 메시지를 전달할 수 있었다. 이른바 '꽃말 사전'이 꽃마다 특정한 의미를 부여했다. 그러면 무도회 전에 젊은 남자들은 동경하는 대상에게 꽃을 보내 메시지를 전달할 수 있었다. 춤출 때 처녀가 꽃 중에서 몇 송이를 머리카락에 꽂았다면 거절을 뜻했다. 하지만 가슴에 작은 꽃다발을 달았다면 기사는 희망을 품어도 괜찮았다.

당신을 이루 말할 수 없이 사랑해요!

우리의 비밀을 잘 지켜요

밀회를 청합니다!

당신은 믿을 수 없어요!

무도회에 가나요? 우표 밑을 보아요.

당신은 행복한 가정을 약속하나요?

부모님이 다 아세요!

우리 이제 헤어져요!

사랑에 성공하기 위해 알아야 할 것들

어째서 많은 연인이 헤어질까? 또 어째서 어떤 연인은 평생 함께할까? 사랑에 성공하기 위한 확실한 규칙이 있을까? 과학자들은 이제 남자와 여자에 대해, 사랑과 섹스에 대해 많은 것을 알아냈다. 중요한 연구 결과들을 한번 살펴보자.

24-7은 피하자

사랑을 해치는 결정적인 치명타는 24-7이다. 하루에 24시간, 일주일에 7일, 즉 언제나 함께 있는 것을 말한다. 하루의 모든 시간을 애인과 보내려 하다간 곧 솔로로 돌아갈 위험이 크다. 모든 사랑엔 숨 돌릴 곳이 필요하다. 쇼핑은 친구와 하고 텔레비전은 동생과 보는 것이 더 즐거울 수 있다. 애인이 생겼다고 해서 바꿀 이유는 없다!

사랑의 생명선을 길게 하는 관심

낭만적인 만남, 가슴 뭉클한 사랑 고백, 열정적인 밤, 최악의 인생 위기에서 조건 없는 헌신. 영화를 보면 사랑은 이렇게 그려진다. 하지만 이렇게 하이라이트만 들어찬 관계는 어떤 사람도 평생 유지할 수 없다. 어떻게 여기에 더불어 극히 평범한 일상까지 감당하란 말인가?

커플치료 전문가의 말에 따르면, 연애에서 중요한 것은 낭만적인 하이라이트가 전혀 아니다. 훨씬 중요한 것은 바로 지극히 평범한 일상이다. 사랑의 생명선은 사랑하는 사람끼리 매일같이 서로에게 보내는 눈에 잘 띄지 않는 관심이다. 상대가 날씨 이야기를 할 때 귀담아듣는가? 슈퍼마켓에서 쇼핑할 때에도 상대에게 웃음 지어 보이는가? 바로 이런 사소한 관심이 행복한 커플과 불행한 커플을 가른다.

열두 번 찍어야 기회가 온다

컴퓨터 시뮬레이션에 따르면, 사랑에 성공할 최고의 기회는 시도가 열두 번 좌절한 다음에 온다. 이때 시도에는 본격적인 연애뿐 아니라 가능성 있는 후보자와의 접촉도 포함된다. 예컨대 댄스 파트너, 파티에서 만난 사람, 또는 학교 옆자리 학생도 들어갈 수 있다. 실제로는 아무 일이 없었더라도 말이다. 그 사람이 순전히 이론상 짝으로 삼을 만해 보이고, 그 사람과 대화하고 만나면서 그런 가능성을 머릿속으로 그려 봤다면 그것으로 충분하다. 그런 체크를 열두 번 하고 나면 자신이 어떤 상대를 찾고 있는지 잘 이해하게 된다. 그러고 나면 나중에 불꽃이 튈 때 마음 놓고 돌진할 수 있다.

저마다 타고난 사랑 시나리오대로

사랑은 어떻게 작동할까? 미국 심리학자 로버트 스턴 버그에 따르면, 우리는 모두 태어날 때부터 머릿속으로 지극히 개인적인 사랑 영화를 찍기 위한 일종의 시나리오를 쓴다. 어떤 사람에게 이 영화는 공주와 왕자가 나오는 동화 같은 영화이고, 다른 사람에겐 다툼과 싸움과 극적인 화해가 있는 심리 스릴러이며, 또 다른 사람에겐 따뜻한 멜로 영화나 가족 영화다. 머릿속에서 나와 비슷한 영화를 쓰는 사람은 내 인생에서 남자 주인공 역할을 맡기에 알맞은 사람이다. 그런 사람을 만나면 사랑도 잘된다.

무엇에 **질투**할 것인가?

과학자들이 새로운 형태의 질투를 발견했다. 이른바 디지털 질투다. 짝이 온라인 친목에 너무 몰두한다든지 그의 친구들 가운데 옛 애인이나 매력적인 미지의 인물

이 있다면 온라인 네트워크가 사랑에 치명타가 될 수도 있다. 또한 예전에는 몰랐던 형태의 질투도 있다. 설문 조사에 따르면 독일인의 4분의 1이 짝의 스마트폰을 질투한다. 많은 이가 곁에 있는 사람보다 스마트폰과 시간을 더 많이 보내기 때문이다.

매력을 느끼는 이유

외모 때문일까? 목소리? 냄새? 몸동작? 이유는 정확히 모르지만 남자는 여자가 불임기일 때보다 배란기 전후일 때 더 매력을 느낀다. 그리고 여자도 이 기간에 추파에 더 빨리 반응한다.

행복한 연인일수록 비만하다?

스트레스 비만만 있는 것이 아니라 행복 비만도 있다. 과학자들에 따르면 행복한 연인이 불행한 연인보다 뚱뚱한 경우가 많다고 한다. 곁에 있는 사람이 평생의 짝이라고 확신하지 못하는 사람은 만약의 경우를 대비해 매력을 유지하려 노력하기 때문이다. 혹시 모를 새 짝을 위해서 말이다. 게다가 행복한 연인은 규칙적으로 함께 밥을 먹고 운동은 덜 한다.

집안일, 어느 장단에 춤을 추나?

남자들이여, 집안일에 달려들어라! 사랑을 위해서! 캘리포니아의 어느 연구에 따르면 남자가 집안일을 돕는 커플이 여자만 집안일을 맡는 커플보다 섹스를 많이 한다고 한다.

남자들이여, 집안일에서 손을 떼라! 어느 스페인 연구에 따르면 집안일을 돕는 남자는 청소할 때 우아하게 물러나는 남자보다 섹스를 덜한다고

한다.

그러면 어쩌란 말인가? 양쪽 연구를 비판적으로 본다면 이런 결론에 이른다. 아마도 섹스와 집안일은 전혀 상관이 없는 모양이다.

행복한 커플에겐 환상이 있다

사람은 사랑에 빠지면 사랑하는 상대를 장밋빛 안경으로 본다. 그러다가 어느 순간 이 도취에서 깨어나면 상대를 사실적으로 보게 된다. 하지만 행복한 커플은 이때에도 환상을 완전히 버리지 않는다. 상대에게 반한 첫 순간이 지나간 뒤에도 여전히 남들은 찾으려야 찾을 수 없는 장밋빛 특징을 발견한다. 그렇다고 해서 환상을 일부 보존하는 사람이 철없이 순진한 것은 전혀 아니다. 사람을 좋게 보면 때론 실제로 그렇게 되기도 한다.

속설을 믿지 말 것

'남자의 코가 크면 그것도 크다'는 속담이 있다. 하지만 사실이 아니다. 코의 길이와 남자의 그것의 길이는 관련이 없다.

러시아 연구자들은 또 다른 공식을 찾아냈다. 신발 크기를 알면 이 공식으로 남자 성기의 길이를 계산해 낼 수 있었다. 공식은 이랬다. '(신발 크기cm+5) ÷2'. 하지만 런던의 과학자들이 실제로 재 본 결과 이것도 맞지 않았다. 발 크기와 성기의 길이는 관련이 없다. 사실 길이는 전혀 중요한 문제도 아니다. 설문 조사를 보면 남자가 그 상대보다 길이를 훨씬 중요하게 여김을 알 수 있다.

키스는 건강에 좋다

강렬한 키스를 하면 38개의 근육이 활성화되고, 심장 박동이 빨라지면서 혈액 순환이 활발해진다. 그 때문에 키스는 15*cal*를 소모한다. 이

것뿐만이 아니다. 키스는 사랑하는 사람끼리 서로에게 해 주는 일종의 예방 접종이기도 하다. 침에 박테리아가 들어 있어서 면역 체계가 단련되기 때문이다. 게다가 키스는 통증을 덜어 주고 상처가 빨리 아물도록 해 준다는 사실도 증명되었다.

웃는 얼굴에 침 뱉으라

학교에서 사진을 찍을 땐 만약을 위해서 웃음을 짓는 것이 좋다. 어느 미국인 심리학자가 700장의 학교 사진을 분석한 결과 사진에서 심각하고 뚱해 보였던 사람들이 나중에 이혼을 더 많이 했다. 물론 웃음을 짓는다고 미래의 행복한 결혼이 보장되진 않는다. 하지만 웃음으로 세상을 대하는 사람이 많아진다면 그것도 좋은 일 아닐까.

연애할 때 곤란한 입 냄새

입 냄새는 연애할 때 자주 겪는 문제다. 그리스 신화에서도 아프로디테가 자신을 소홀히 섬긴다는 이유로 렘노스 섬의 여자들에게 입 냄새가 나는 벌을 준 바 있다. 그 결과 남자들은 부인을 버리고 여자 노예와 즐겼다. 입 냄새는 본인은 느끼지 못할 때가 많다. 간단히 시험해 보려면 손등을 핥은 다음 냄새를 맡으면 된다.

자연이 불러오는 사랑스런 기분

알려진 바와 같이 특정한 향기는 들뜬 봄 기분을 불러일으킨다. 이끼와 풀과 썩어 가는 낙엽이 따뜻한 햇볕을 받으며 내는 향기가 그렇다. 어린 시절부터 우리 모두의 뇌 속에 그렇게 새겨졌다. 그런 냄새가 나면 낮이 길어지고, 날이 따뜻해지고, 행복한 여름이 가까이 다가온다고 말이다. 그러면 기분이 좋아진다. 그리고 춘곤증마저 밝은 햇빛에 쫓겨나고 겨울옷도 물러나면, 아무것도 더는 봄 기분을 막을 수 없다.

속삭임

남자 친구를 칭찬하려거든 왼쪽 귀에 속삭이는 것이 좋다. 감정적인 말을 왼쪽 귀로 들으면 70%가 기억에 남는다. 오른쪽 귀는 58%만 저장한다. 말이 왼쪽 귀로 들어가면 우뇌에 이르는데 우뇌가 감정에 더 민감하기 때문이다.

호르몬 영향 없이 연인 바라보기

과학자들은 피임약의 호르몬이 파트너 선택에 영향을 줄 수도 있다고 본다. 그 때문에 만약을 대비해 결혼식 전에는 피임약 복용을 중단하도록 충고하는 이들도 있다. 호르몬의 인위적인 영향이 없어도 신랑감이 여전히 매력적으로 보이는지 확인하기 위해서다. 하지만 피임약이 남자를 받아들이느냐 거부하느냐 결정하는 데 영향을 미친다고 추정하는 연구 결과는 이론이 무척 분분하다. 호르몬이 그렇게 큰 역할을 할 것으로는 보이지 않는다.

짜증 해소하기

연구에 따르면 사랑의 진정한 킬러는 심한 '신경증'이다. 신경증이 있는 사람은 만족하게 하기가 어렵다. 항상 무언가 잘못됐다. 그런 사람은 두려움이 많고, 불안정하고, 신경질적이고, 스트레스를 잘 받고, 변덕스럽고, 예민하고, 우울하고, 쉽게 흥분한다. 그리고 이렇게 냉탕과 온탕을 오가는 감정을 영원히 견딜 수 있는 관계는 별로 없다. 한결같고, 느긋하고, 마음 편한 사람은 사랑이 더 쉽다. 좋은 말이지만 말처럼 쉽지는 않다. 그렇다면 이미 신경증이 있는 사람은 어떻게 해야 할까? 마음이 쉽게 상하거나 두려움이 많거나 변덕스러운 사람이라면? 그렇다면 긴장을 풀어 주고 즐거움을 주는 일을 무엇이든 자주 하는 것이 가장 좋다! 그리고 단연 중요한 것은, 자신이 종종 이유 없이 짜증 내는 것에 대해 터놓고 이야기하는 것이다. 그러면 남들도 그런 성격에 더 잘 대처할 것이다.

누가 더 낭만적일까?

누가 생각이나 했을까? 남자아이들이 여자아이들보다 낭만적이다! 헤어진 이유로 연애에서 낭만이 부족했음을 꼽는 남자아이가 훨씬 많다.

소리 지르면 스트레스가 덜 쌓일까?

연인끼리 싸울 때 여자보다 남자 쪽이 피 속의 스트레스 호르몬 수치가 훨씬 높이 올라간다. 미국의 어느 연구가 밝힌 내용이다. 여자에게 싸움은 진정한 해방이며 심지어 긍정적인 경험으로 느낄 수도 있다. 하지만 남자는 아니다. 남자에게 싸움은 정말로 스트레스다. 어쩌면 그럴 만한 이유가 있을지도 모르겠다. 설문 조사에 따르면 싸울 때 여자가 남자보다 소리를 많이 지르기 때문이다.

연애든 결혼이든 모두 신의의 문제

설문 조사를 보면 거의 모든 사람이 연애에서 신의를 원한다. 반면 실제로 자신의 짝에게 평생 신의를 지킨 응답자는 약 절반에 그쳤다. 하지만 동물계를 살펴보면 사실 그것도 뜻밖에 높은 비율이다. 포유동물의 3%만이 단단하게 짝을 이루며 살아가기 때문이다. 또 그런 종도 심심찮게 외도한다. 호모 사피엔스 종도 세계 모든 곳에서 반드시 두 명이 짝을 이루어 살지는 않는다. 과거나 현재나 복혼이 지극히 일반적인 나라도 있다. 오늘날에도 약 50개 나라에서 복혼이 허용된다. 그런 곳에선 대개 남자가 여러 여자와 결혼할 권리를 지닌다. 하지만 여자가 여러 남자와 결혼하는 사회도 있다.

그렇다면 신의는 자연을 거스르는 것이며 사실은 이루기 불가능한 이상에 불과할까? 그렇지 않다는 것을 많은 커플이 증명하고 있다. 신의라는 이상을 높게 잡고 그것을 지키는 것보다 중요한 것은 양쪽 파트너가 어떤 것을 신의로 생각하는지 서로 합의하는 것이다. 신의라는 말은 서로 믿고 의지할 수 있음을 뜻하기 때문이다. 따라서 서로에게 약속한 바는 반드시 지켜야 하고, 반대로 지킬 수 없거나 지키고 싶지 않은 것은 약속하지 않아야 한다. 그것이 진정한 신의다.

왜 바람을 피울까?

똑똑한 남자는 바람을 덜 피운다. 통계로 봤을 때 바람기 있는 남자가 성실한 남자보다 지능 지수가 낮다. 바람피우는 여자와 지능에 대해선 아직 연구가 없다. 다만 확실한 것은, 여자도 남자만큼 바람을 피운다는 것이다. 물론 똑똑한 여자는 그런 사실을 말하지 않는다. 남자는 파트너의 외도에 대처를 훨씬 못하기 때문이다. 아마도 교육 때문일 것이다.

사랑을 평생 지키려면

평생 사랑을 지키려면 연인끼리 공통점이 되도록 많아야 한다. 게다가 성격상 세 가지 특성을 보이고 있으면 더욱 좋다. 가장 중요한 것은 다른 사람을 신뢰하고 열린 마음으로 받아들이는 능력이다. 두 번째는 싸울 때 취하는 태도다. 공격을 삼가고, 나쁜 기분을 짝에게 풀지 않고, 적절한 때를 기다려 싸울 것. 이런 능력이 사랑을 결정적으로 지켜 준다. 그리고 세 번째는 때론 참을 줄도 알아야 하며 비판을 받는다고 꽁하니 움츠러들어선 안 된다는 것이다.

진실하거나 배려하거나

남자가 여자보다 거짓말을 자주 한다. 영국의 어느 연구가 밝힌 내용이다. 하지만 그렇다고 해서 남자 친구를 끊임없이 의심할 이유는 없다. 첫 번째로, 연구 결과를 곧이곧대로 믿기 어렵기 때문이다. 실제로는 여자가 남자보다 거짓말을 더 할 수도 있다. 아예 설문에 응답할 때 거짓말을 했을 수도 있으니까 말이다. 두 번째로, 남자가 자주 하는 거짓말엔 악의 없는 거짓말도 있기 때문이다. "아냐, 네 엉덩이는 안 뚱뚱해."처럼 말이다. 솔직히 말해 보자. 그런 예에서 진실을 듣고 싶을까?

대머리 유전자는 주로 어머니쪽에서

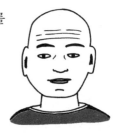

남자의 대머리는 대개 X 염색체의 유전자를 통해 유전된다. 남자는 X 염색체가 하나만 있는데 이것은 어머니에게서 받은 것이기 때문에 아버지의 대머리가 유전되는 경우는 드물다. 그 대신 어머니쪽 남자 조상들의 대머리가 유전된다. 따라서 나중에 혹시 대머리가 될지 알고 싶은 남자아이는 불안한 눈으로 아버지의 머리를 훔쳐볼 것이 아니라 외할 아버지의 머리를 봐야 한다. 연구에 따르면 머리가 벗겨진 남자가 직업에서 더 성공을 거두는 경우가 많다. 하지만 여자들은 머리숱이 많은 남자에게 더 매력을 느낀다.

남자는 계속된다

남자를 남자로 만드는 Y 염색체는 원래 X 염색체가 퇴화한 것이다. 약 1100개의 유전자를 담고 있는 X 염색체와 달리 Y 염색체는 겨우 200개 정도의 유전 정보를 지닌다. 그 때문에 과학자들은 Y 염색체가 계속 퇴화하여 아마도 천만 년쯤 지나면 남자가 절멸할 것이라고 한동안 추측했다. 하지만 지금은 연구자들이 경보를 해제하고 있다. Y 염색체는 생각보다 안정적이어서 인간이 존재하는 한 남자도 있을 것이다.

하이힐은 좋을 대로

남자는 여자가 하이힐을 신으면 좋아한다. 다리 길이가 시각적으로 늘어나고 걸음걸이도 더욱 여성스러워지기 때문이다. 적어도 패션 잡지에선 그렇게 주장한다. 하지만 영국 노섬브리아 대학교의 과학자들은 그렇지 않다고 말한다. 남자는 대개 자신의 연인이 발에 무엇을 신었는지 전혀 알아차리지 못한다. 따라서 오로지 멋을 뽐내려고 굽 높은 신발에 발가락을 뭉개는 것은 쓸데없는 일이다.

모든 사랑 규칙에 어긋나도
그것은 사랑

두 사람은 공통점이 거의 없었다. 둘 다 원만한 사람이 아니었다. 그리고 역사상 가장 육체를 혐오한 시대인 19세기에 살았다. '톰 소여'와 '허클베리 핀'을 탄생시킨 작가 마크 트웨인과 부인 올리비아의 결혼은 앞날이 어두웠다. 오늘날의 심리학자라면 아마도 두 사람의 실패를 예언했을 것이다. 그런데도 두 사람은 평생 행복한 결혼 생활을 했다. 성공이었다!

올리비아 랭던은 부유한 부모 밑에서 애지중지 큰 딸이었다. 1867년 스물두 살이었던 이 여인은 우리가 미국 남북전쟁 시대를 그린 영화에서 익히 보았을 법한 미인이었다. 부드럽고 가녀린 모습, 커다란 검은 눈과 검은 머리, 순 비단으로 만든 사각거리는 야회복. 또 올리비아가 살던 화려한 집도 그런 영화에 잘 어울렸을 것이다. 방문객은 세 개의 대문을 지나야 우아한 저택에 이르렀다. 대문은 마차가 접근하면 마법처럼 저절로 열렸는데, 보이지 않는 곳에서 말들이 문을 끌었기 때문이다. 저택의 방들도 호화로웠다. 예컨대 큰 식당에서 문을 열고 나가면 온실이 나왔는데, 그곳에선 열대의 꽃이 향기를 내뿜고 새가 지저귀고 분수가 나직이 졸졸 노래를 불렀다.

이렇게 호화로운 방에는 예의가 바른 우아한 사위가 어울렸을 것이다. 하지만 마크는 오히려 서부의 카우보이에 가까웠다. 그는 가난한 가정 출신이었고 그의 집에선 부엌에서 식사했다. 유년 시절도 보살핌과는 거리가 멀었다. 아홉 살 때 벌써 줄담배를 피웠고, 열한 살 때 아버지를 잃었으며, 열두 살 때 학교를 떠나 식자공 수습생으로 일했다. 그러던 어느 날 이 떠돌이 영혼은 거친 서부로 훌쩍 떠났다. 그리고 은광으로 돈을 벌려 했으나 실패하고서 가십 기자로 술집을 어슬렁거렸다. 나중에 마크는 미국에서 시작해 온 세상을 여행하면서 여행 작가로 이름을 날렸다. 연극적인 재능 덕분에 순회강연은 곧 거대한 강당을 채웠고 온 나라에서 모르는 사람이 없게 되었다. 그는 겨울에는 모피 사냥꾼처럼 바다표범 털가죽으로 만든 외투로 몸을 감싸고 털가죽 모자를 썼다. 여름 복장은 노란 외투와 지저분한 낡은 밀짚모자였다.

    이 상반되는 두 사람의 사랑 이야기는 1867년 여름에 시작되었다. 올리비아의 남동생 찰스는 유럽으로 여행을 떠났다가 여객선에서 만난 길동무에게 로켓에 담긴 누이의 초상을 보여주었다. 이 길동무가 다름 아닌 마크였다. 부드러운 처녀의 사진은 그의 뇌리에 깊이 박혀 버렸다. 그는 약속을 정해 올리비아 가족을 방문했는데 그답지 않게 한껏 멋까지 냈다.

    온유한 올리비아는 마크와 결혼하고 싶지 않았다. 욕설을 입에 담고 위스키를 마시는 작가의 도덕성에 강한 의심이 들었기 때문이다. 그런 남편은 전혀 고려 대상이 아니었다.

    하지만 올리비아는 그의 영혼을 구원하기로 했고 그도 거기에 동의했다. 즉 올리비아는 마크에게 경건한 편지를 써서 그가 위스키를 끊고 욕설하는 버릇을 고치도록 노력했다. 그리고 그는 다정하고 열정적인 답장을 써서 그녀의 심장으로 들어갔다. 애초에 계획한 대로였다.

    마침내 올리비아가 부인이 되기로 승낙했을 때 그는 친구에게 맹세했다. "살면서 많은 여자를 만나 왔지만 올리비아는 단연 완벽한 보석이네. 이 생각은 내가 죽는 날까지 변함없을 걸세."

마크는 결혼식을 치른 뒤 곧 위스키를 다시 마셨다. 욕설하는 습관도 계속해서 버려둘 순 없었다. 하지만 자신의 맹세를 지켜서 정말로 부인을 34년 동안 완벽한 보석처럼 애모했다. 살면서 부인에게 쓴 2000통에 가까운 편지가 오늘날에도 남아 그 사실을 증명하고 있다. 마지막 편지는 1904년에 이탈리아에서 미국으로 부인의 관을 따라오면서 쓴 것이다. 거기에는 이렇게 적혀 있다. "내 사랑 올리비아, 지난 34년 동안 우리는 함께 많은 여행을 했소. 그리고 이제 우리의 마지막 여행을 하고 있구려. 당신은 갑판 아래에서 외로이, 나는 갑판 위에서 사람들 틈에 끼여 외로이."

올리비아가 세상을 떠난 뒤 마크는 6년을 더 살다가 1910년에 인후염 후유증으로 죽어서 부인의 곁에 묻혔다. 여담이지만 이 또한 영화 같은 장면이었다. 그의 관을 묘지로 옮긴 마차는 40년 전에 그들이 함께 결혼 생활을 시작하면서 탄 바로 그 마차였다.

마크 트웨인과 올리비아 랭던은 아이가 넷이었다. 따라서 두 사람의 사랑은 분명히 플라토닉 러브가 아니었다. 적어도 올리비아가 누린 당시 일반적인, 육체에 적대적인 교육을 두 사람은 어떻게 극복할 수 있었을까?

틀림없이 쉽지는 않았을 것이다. 하지만 이 책 처음에서 인용한 존 러스킨과 달리 마크와 올리비아는 서로를 자연이 창조한 모습 그대로 받아들일 수 있었던 모양이다. 결혼식을 치르고 나흘 뒤에 올리비아는 부모에게 편지를 써서 농담조로 말했다. "먹지도 않고 자지도 않는 시간은 이제 지나갔어요. 저희는 다시 먹고 자기 시작했어요!" 19세기의 품위 있는 숙녀로선 정열적인 낮과 특히 정열적인 밤을 넌지시 알리는 일종의 암시였다.

어째서 마크와 올리비아는 공통점이 거의 없는데도 그렇게 깊이 사랑했을까? 아마도 두 사람은 언뜻 보이는 것보다 서로 비슷했던 모양이다. 올리비아는 겉으로 보이는 만큼 온유하고 부드럽지 않았을지도 모른다. 그리고 마크는 겉모습처럼 거칠고 비정하지 않았다. 두 사람의 생애를 자세히 들여다보면 그런 신호가 보이기도 한다. 예컨대 딸 한 명은 엄마인 올리비아가 교육 문제에선 아주 엄한 조처를 할 줄 알았다고 이야기했다.

사랑은 실험하는 것

마크와 올리비아는 행복한 결말을 맞았다. 존과 에피는 그러지 못했다. 존 러스킨이 1848년 결혼 첫날밤에 벌거벗은 신부를 보고 소스라치게 놀라서 성욕을 잃어버렸을 때, 그것으로 두 사람의 관계는 끝을 향해 달리기 시작했다. 에피는 5년을 더 참고 견디다가 (여전히 처녀의 몸으로!) 결혼을 무효화하고 화가인 존 에버렛 밀레이와 결혼했다. 밀레이는 에피를 반복해서 그릴 만큼 아름답게 여겼는데, 옷 입은 모습만 아름답게 본 것이 아니라 벗은 몸도 문제 삼지 않았던 모양이다. 두 사람은 여덟 명의 아이를 낳고 무척 행복하게 살았다. 하지만 존 러스킨은 에피와의 결혼에 낭패를 겪은 뒤 평생 독신으로 남았다.

그 시대 이래로 많은 것이 변했다. 사랑에서도 그렇다. 아마도 사랑 문제에선 지난 백 년 사이의 변화가 앞선 수천 년 동안보다 많을 것이다. 몇 가지만 예를 들어 보자.

1900년 전후 심리학자들은 성(性)과 정신 건강 사이에 관련이 있음을 깨달았다. 사람들은 이제 신체와 정신은 나눌 수 없다는 것을 이해하게 되었다.

1945년 이후 의사들은 항생제란 이름의 새로운 약을 세균성 질병에 투입할 수 있게 되었다. 드디어 성병을 치료할 길이 열렸다.

1960년 이래 피임약과 믿을 만한 피임 기구가 생겨났다.

1968년 학생 운동이 시대에 뒤떨어진 도덕 개념을 근본적으로 일소했다. 당시 청년들은 누구를 언제 어디서 어떻게 사랑할지 모든 사람이 스스로 결정할 수 있어야 한다고 요구했다.

1969년 이후 사랑의 자유에 관한 요구가 입법에도 반영되었다. 동성애도 혼외정사도 이제 처벌받지 않았다. 결혼하지 않은 커플이 함께 살아도 되었다. 이전까지는 금지였다. 청소년도 일정한 나이 이상이 되면 섹스를 할 수 있게 되었다. 하지만 성인과는 할 수 없었다.

1975년 이래 만 18세(우리나라는 만 20세)가 넘으면 성인이 되어 자신의 삶을 결정할 수 있게 되었다. 그전에는 21세가 되어야 비로소 성인이었다.

1990년쯤 이래 과학자들이 낭만적인 사랑이란 현상을 깊이 파고들어 흥미로운 연구 결과를 발표했다.

이 모든 혁신이 사랑에 큰 영향을 미쳤다. 앞선 세대들이 맞서 싸워야 했던 많은 위험과 부작용이 오늘날엔 문제가 되지 않는다. 하지만 자세히 보면 몇 가지는 순전히 겉으로만 변했음을 알 수 있다. 통계가 증명한다. 우리는 모두 마크 트웨인과 올리비아 랭던처럼 낭만적으로 사랑을 성취하기를 바란다. 하지만 우리의 연애는 오늘날에도 존 러스킨과 에피 그레이처럼 파국을 맞을 때가 잦다. 물론 오늘날엔 몸에 난 털 때문에 좌절할 일은 별로 없다. 털이야 깎으면 그만이니까. 하지만 사랑이란 것 자체가 우리의 상상처럼 흠 없이 매끈하지 않을 때가 잦다. 사랑은 생각보다 이런저런 털투성이다. 그리고 이런 현실을 많은 사람이 잘 받아들이고 이겨내지 못한다.

이런 상황에서 연구자들이 사랑에 대해 수집해 놓은 지식이 우리에게 쓸모 있을까? 사랑이 어떻게 작동하는지 우리가 안다면 도움이 될까? 과학을 토대로 점검 목록을 만들어서 그것을 가지고

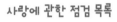

사랑에 관한 점검 목록

★ 사는 곳 가까이에서 찾는다

★ 되도록 많은 공통점을 찾는다

★ 빨간 옷을 입는다

★ 윤기 흐르는 머리와 빛나는 눈

★ 하이힐은 신을 필요 없음

★ 작업 멘트를 삼간다

★ 첫째도 미소, 둘째도 미소, 셋째도 미소

★ 키스는 건강에 좋다

★ 애무는 행복감을 준다

★ 이를 열심히 닦는다

★ 언제나 왼쪽 귀로 속삭인다

★ 징징거리지 않는다

★ 누구나 자유가 필요하다

★ 깨끗하게 싸운다!

★ 결혼 케이크를 주문한다

최적의 짝을 최대한 빨리 찾아서 평생 지킬 수 있을까?

물론 이렇게 한다고 사랑을 반드시 이루는 것은 아니다. 사랑은 체스가 아니다. 규칙을 가장 잘 꿰뚫어보고 상대방의 수를 미리 계산하는 사람이 이기는 게임이 아니다. 우리는 우리의 영혼을 감

동시킬 사람을 찾길 바란다. 뱃속에서 나비가 간질거리는 느낌을 일깨워 줄 사람을. 우리가 연애에 대해 머릿속에 품은 생각에 잘 들어맞는 사람을. 그리고 그런 사람을 찾는다 해도 그쪽에서 역시 이쪽을 원해야 한다. 사랑은 미지수가 많은 방정식으로 그 결과를 계산하기가 힘들다.

몇 가지 규칙을 잘 안다면 행복한 사랑을 찾기가 확실히 쉬워진다. 하지만 과학에도 결국 한계가 있다.

우리 모두에게 사랑은 평생 해야 할 실험이다. 그리고 그 실험에서 우리는 연구자이면서 동시에 실험 대상이다.

부록

나는 남자를 만날 때 어떤 유형일까?

나는 추파를 던질 때 어떤 유형일까? 그럴 때 내가 보내는 신호가 맞을까? 아니면 나는 남자아이들에게 완전히 잘못 보일까? 번번이 잘못된 상대를 만나는 게 그 때문일까? 테스트로 알아보자!

1부 이상형

질문에 가장 잘 맞는 답을 골라 보자!

1. 영화 〈트와일라잇〉에서 뱀파이어인 에드워드 컬렌은 학교에 새로 온 벨라 스완에게 반한다. 만약 내가 벨라라면 에드워드처럼 쌀쌀맞은 남자가 나를 좋아할 때 그의 어떤 점에 가장 매력을 느낄까?

a. 학교의 모든 소녀가 에드워드에게 푹 빠졌지만, 그는 오로지 나만을

원한다. (A)

b. 에드워드는 강한 남자이며 나를 모든 위험에서 지켜 준다. (B)

c. 에드워드는 종잡을 수 없고 위험하다. 오로지 나만이 그를 길들일 수 있다. (C)

d. 끌리는 점이 전혀 없다. 나라면 제이콥을 택하겠다. 제이콥은 에드워드보다 다정다감하고 사려 깊다. (D)

9. 내가 좋아하는 남자아이와 장차 사귀는 모습을 머릿속으로 그려 본다. 어떤 장면을 상상할 때 가장 좋을까?

a. 처음으로 단둘이 있으면서 그에게 키스하는 모습. (C)

b. 같이 손을 잡고 학교로 가는 모습. (A)

c. 추위에 떠는 나에게 그가 재킷을 벗어 주는 모습. (B)

d. 스트레스받은 나를 그가 위로해 주는 모습. (D)

8. 나의 이상형이 꼭 지녀야 할 자질은 무엇일까?

a. 자신감이 있으며 자기가 원하는 바를 언제나 정확히 알고 있어야 한다. (B)

b. 잘생기고 운동을 잘해야 한다. (A)

c. 나에게 푹 빠져 있고 키스를 정말 잘해야 한다. (C)

d. 나와 똑같은 농담에 웃고 똑같은 일에 슬퍼해야 한다. (D)

4. 내가 좋아하는 사람이 이상형에 딱 들어맞지 않는다면 다음 중에서 어떤 점을 가장 쉽게 양보할 수 있을까?

a. 멋진 태도. 그는 어설퍼도 괜찮고 심지어 조금 창피해도 된다. (D)
b. 외모. 잘생기지 않아도 좋다. 말쑥하고 키가 크면 된다. (B)
c. 유대. 그가 종종 따로 행동하고 어디 숨었는지 안 보여도 괜찮다. 바람만 안 피우면 된다. (C)
d. 대화. 모든 일을 그와 의논할 수 없다 해도 상관없다. 대화 상대로는 친구들이 있다. (A)

5. 왕자님을 향한 뜨거운 사랑이 잠시 식을 만한 상황이 있다면 어떤 것일까?

a. 다른 녀석이 나한테 짜증 나게 치근대는데 그가 전혀 신경 쓰지 않을 때. (B)
b. 그가 머리를 잘못 잘라서 털갈이하는 앵무새 꼴이 됐을 때. (A)
c. 그가 목이 아프고 얼굴이 창백하고 눈 밑이 검게 그늘지고 입에서 냄새가 나면서도 나에게 키스하려 할 때. (C)
d. 그가 우리의 '사귄 지 한 달' 기념일을 챙기는 대신 친구들이랑 축구 시합하러 갈 때. (D)

6. 파티에 갔는데 내가 마음에 품은 상대도 거기에 왔다. 그가 어떻게 했으면 좋을까?

a. 나와 함께 슬그머니 정원으로 나가서 별을 본다. (D)
b. 나를 빈방으로 끌고 가서 문을 잠그고 불을 끈다. (C)
c. 내가 춤추는 동안 구석에 기대에 서서 나만을 계속 바라본다. (B)
d. 둘이 함께 춤을 춘다. 우리가 너무 멋져 보여서 모두 우리를 구경한다. (A)

7. 초인종이 울린다. 그가 문 앞에 서서 손을 등 뒤로 감춘 채 말한다. 짠! 당연히 선물이다. 무엇을 가져왔으면 좋을까?

a. 목숨 걸고 이웃집 정원에서 몰래 꺾어 온 꽃. (D)
b. 줄기가 긴 붉은 장미. (B)
c. 등을 마사지할 향기로운 마사지 오일. (C)
d. 우리 이름의 머리글자를 은으로 새긴 목걸이. (A)

8. 수업이 끝나고 오후 수업까지 1시간 여유가 있다. 꿈의 왕자님과 이 시간에 무엇을 할까?

a. 그가 나를 카페로 데려가 차를 사 준다. (B)
b. 그의 집이나 우리 집으로 간다. (C)
c. 맛있는 음식을 사서 운치 있는 곳으로 소풍간다. (D)
d. 친구들과 한데 어울려 시내로 간다. (A)

9. 아래 문장들은 나에게 얼마나 해당할까? 0(전혀 아님)에서 10(딱 내 경우!)까지 점수를 매겨 보자.

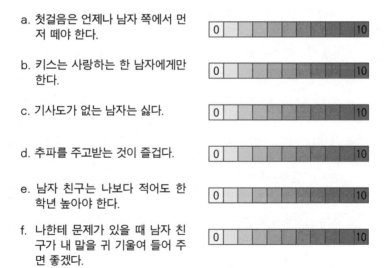

a. 첫걸음은 언제나 남자 쪽에서 먼저 떼야 한다.

b. 키스는 사랑하는 한 남자에게만 한다.

c. 기사도가 없는 남자는 싫다.

d. 추파를 주고받는 것이 즐겁다.

e. 남자 친구는 나보다 적어도 한 학년 높아야 한다.

f. 나한테 문제가 있을 때 남자 친구가 내 말을 귀 기울여 들어 주면 좋겠다.

g. 남자가 가방을 들어 주거나 문을 잡아 주는 것을 좋아한다.

`0 [▮▮▮▮▮▮▮▮] 10`

h. 친구들도 남자 친구와 똑같이 중요하다.

`0 [▮▮▮▮▮▮▮▮] 10`

i. 남자를 볼 때 눈을 무척 주목한다.

`0 [▮▮▮▮▮▮▮▮] 10`

j. 남자가 여자에게 영화를 보여 줘야 한다.

`0 [▮▮▮▮▮▮▮▮] 10`

k. 남자 친구가 있는 사람은 다른 사람에게 추파를 보내지 않는다.

`0 [▮▮▮▮▮▮▮▮] 10`

l. 남자도 패션에 신경 써야 한다.

`0 [▮▮▮▮▮▮▮▮] 10`

m. 피임에 대해 되도록 어린 나이에 이야기해야 한다.

`0 [▮▮▮▮▮▮▮▮] 10`

n. 남자 친구에 대해 되도록 많은 것을 알고 싶다.

`0 [▮▮▮▮▮▮▮▮] 10`

o. 남들이 나를 어떻게 생각하는지 상관없다.

`0 [▮▮▮▮▮▮▮▮] 10`

p. 친구들과 남자 취향이 자주 겹친다.

`0 [▮▮▮▮▮▮▮▮] 10`

q. 내 몸매에 만족한다.

`0 [▮▮▮▮▮▮▮▮] 10`

r. 여자는 남자 친구를 위해서 예쁘게 꾸며야 한다.

`0 [▮▮▮▮▮▮▮▮] 10`

s. 내가 맘에 둔 남자를 차지한다면 친구들이 샘낼 것이다.

`0 [▮▮▮▮▮▮▮▮] 10`

t. 빨래판 복근을 좋아한다.

`0 [▮▮▮▮▮▮▮▮] 10`

2부 추파를 던지는 스타일

1. 파티에서 이상형과 만날 예정이라면 옷을 어떻게 입을까? 나에게 잘 맞는 스타일을 골라 보자.

a. 딱 붙는 민소매 웃옷, 미니스커트, 하이힐 (C)
b. 가슴이 파인 짧은 꽃무늬 원피스, 플랫 슈즈 (B)
c. 유명 메이커 청바지와 웃옷 (A)
d. 평소 즐겨 입는 청바지, 산뜻하고 세련된 웃옷, 귀여운 장신구 (D)

2. 저기 그가 서 있지만 나를 안 보고 있다. 우리는 서로 가볍게만 아는 사이다. 오늘 그와 더 가까워질 수 있게 주의를 끌려면 어떻게 해야 할까?

a. 그에게 다가가서 인사하고 무언가 물어보며 대화를 튼다. (D)
b. 그의 앞을 가까이 지나가며 그가 나를 봐 주기를 바란다. (B)
c. 그의 뺨에 살짝 입 맞춰 인사하며 만나서 얼마나 반가운지 보여 준다. (C)
d. 친구들과 다 함께 다가가서 가벼운 잡담을 한다. (A)

3. 좋아한다는 사실을 그에게 보여 주고 싶다. 어떻게 할까?

a. 그의 말을 귀 기울여 듣고, 환하게 웃음 짓고, 적절한 대목에선 큰 소리로 웃기도 한다. 그것으로 충분하다. (B)
b. 그를 바라본다. 아주 특별한 나만의 방식으로. 그는 소름이 돋을 것이다. 그럼 그렇지! (C)
c. 어떤 것을 나도 그와 똑같이 생각한다고 말해 준다. (D)
d. 아무것도 할 수 없다. 내가 무언가를 하면 친구들이 당장 알아채고 흉볼 것이다. 지금 당장엔 그의 환심을 사는 것보다 잘못된 말을 안 하는 것이 중요하다. (A)

4. 그와 춤을 추고 싶다. 어떻게 알릴까?

a. 그의 코앞에서 음악에 맞춰 섹시하게 춤추며 같이 추자는 눈빛으로 바라본다. (C)

b. 그에게 물어본다. 우리 춤출까? (D)

c. 전혀 아무것도 안 한다. 춤은 그쪽에서 청해야 한다. (B)

d. 친구들과 함께 그와 그의 친구들을 무대로 끌어낸다. (A)

5. 친구들과 다 함께 바에 앉아 있다. 나는 좋아하는 상대와 추파를 주고받는다. 그도 분명히 나에게 매력을 느끼는 듯하다. 어느 순간 문득 그의 손이 내 무릎에 놓여 있다. 어떻게 할까?

a. 그의 눈을 바라보며 웃음 짓는다. 우연인 것처럼 그의 팔이나 손에 내 손을 슬쩍 댄다. 그렇게 해서 알려 준다. 내 무릎에 손을 놓아도 괜찮다는 것을. (C)

b. 그의 눈을 바라보며 웃음 짓는다. 하지만 조금 있다가 무릎을 뺀다. 그렇게 해서 알려 준다. 원칙적으론 괜찮지만 지금 여기선 안 돼! (D)

c. 모르는 척 굴면서 그가 어떻게 나올지 기다린다. 거부하고 싶지도 않지만, 너무 쉽게 허락하고 싶지도 않다. (B)

d. 그의 손을 내려다본 뒤 그를 바라보며 놀란 표정을 짓는다. 하지만 곧 그에게 웃어 보인다. 그렇게 해서 알려 준다. 넌 진짜 단도직입적이구나! 하지만 괜찮아. (A)

1부 이상형

질문 1~8

내가 고른 대답 뒤에 어떤 글자(괄호 안에 든 대문자)가 적혀 있는지 확인해 보자. (A)~(D) 가운데 어떤 글자가 가장 많을까?

질문 9

a부터 t까지 문장들 가운데 5점 이상을 준 것을 표시해 보자. 그런 다음 그 문장들을 다음과 같이 분류해 보자. 그리고 각각 숫자를 더해 보자. A~D 가운데 숫자가 제일 큰 곳은 어디일까?

A : e, h, l, p, s
B : a, c, g, j, r
C : d, m, o, q, t
D : b, f, i, k, n

결과

A 유형

재미있게 노는 것, 남들을 보고 남들에게 보이는 것, 내게는 그런 것이 중요하다. 나는 내 일당과 잘 어울리고 이상적인 경우엔 내 지위까지 조금 빛내 줄 남자 친구를 찾고 있다.

B 유형

나는 백마 탄 기사님을 꿈꾸는 유형이다. 나를 깍듯이 위해 줄 보호자를 찾고 있다.

C 유형

나는 사랑에 빠지면 온몸이 달아오른다. 키스와 스킨십, 어쩌면 그 이상, 내게는 그런 것이 중요하다. 나는 중간에서 대충 멈추는 유형이 아니다.

D 유형

나는 언제나 내 곁에 있으면서 기쁨도 슬픔도 함께해 줄 남자 친구를 찾고 있다.

만약 동점이 나오거나 질문 1~8의 경우와 질문 9의 경우에서 서로 다른 결과가 나왔다면, 여러 설명 가운데 나에게 맞는 것을 고르면 된다. 꼭 어느 한 서랍에만 맞아야 하는 것은 아니다. 테스트는 나를 더 잘 알도록 도와주는 것이다. 내가 연애에서 어떤 것을 기대하는지, 설명된 유형 가운데 어떤 것이 나에게 가장 잘 맞는지 자신을 꼼꼼히 따져 보며 솔직하게 결정하자.

2부 추파를 던지는 스타일

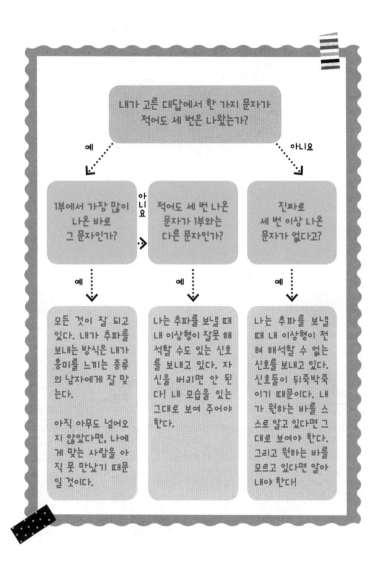

내가 고른 대답에서 한 가지 문자가
적어도 세 번은 나왔는가?

예   아니요

1부에서 가장 많이
나온 바로
그 문자인가?

아니요

적어도 세 번 나온
문자가 1부와는
다른 문자인가?

진짜로
세 번 이상 나온
문자가 없다고?

예   예   예

모든 것이 잘 되고 있다. 내가 추파를 보내는 방식은 내가 흥미를 느끼는 종류의 남자에게 잘 맞는다.

아직 아무도 넘어오지 않았다면, 나에게 맞는 사람을 아직 못 만났기 때문일 것이다.

나는 추파를 보낼 때 내 이상형이 잘못 해석할 수도 있는 신호를 보내고 있다. 자신을 버리면 안 된다! 내 모습을 있는 그대로 보여 주어야 한다.

나는 추파를 보낼 때 내 이상형이 전혀 해석할 수 없는 신호를 보내고 있다. 신호들이 뒤죽박죽이기 때문이다. 내가 원하는 바를 스스로 알고 있다면 그대로 보여야 한다. 그리고 원하는 바를 모르고 있다면 알아내야 한다!

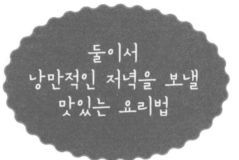

둘이서
낭만적인 저녁을 보낼
맛있는 요리법

전채 요리
사프란 파프리카 수프

주요리
알싸한 파스타

디저트
초콜릿 무스

재료 준비 (2인분)

●전채 요리

노란색 파프리카 3개, 버터 25g(버터를 가로로 약 1cm 정도 자른다),
양파 반 개, 채소 국물 500ml(고형 수프 1~2조각에 물을 탄다)
설탕 1티스푼, 소금, 후추, 사프란 한 자밤, 휘핑크림 약간

●주 요리

닭 살코기 200g(채식주의자는 신선한 양송이버섯 250g을 쓴다),
탈리아텔레 파스타 200g, 마늘쪽 2개, 생강 뿌리 약 5cm
채소 국물 250ml(고형 수프 0.5~1조각에 물을 탄다),
버터 30g, 올리브유 2큰술, 소금, 후추, 백리향,
채소를 더 넣고 싶으면 마트에서 파는 냉동 채소 혼합물을 쓰면 잘 어울
린다.

●디저트

쿠베르튀르(코팅용 초콜릿) 200g, 달걀 3개, 휘핑크림 200g,
설탕 40g, 버터 50g, 정향 3개, 육두구(즉석에서 갈아서 쓴다)

조리법

디저트부터 만든다. 먹기 전에 한 시간가량 냉장고에 넣어두어야 하기 때문이다.

1. 작은 컵으로 한 컵 분량의 물을 끓이고 정향을 넣는다. 10분 동안 우린다.
2. 달걀을 노른자위와 흰자위로 분리한다. 이때 노른자위가 흰자위에 섞여 들어가지 않도록 조심한다.
3. 달걀 흰자위를 걸쭉하게 되도록 젓는다.
4. 다른 볼에 휘핑크림을 담고 걸쭉하게 젓는다.
5. 버터와 초콜릿을 중탕에 살살 녹인다. 물이 들어가지 않도록 조심한다.
6. 달걀 노른자위를 정향 우린 물 2큰술과 함께 저어 크림처럼 만든다. 설탕을 첨가한다. 덩어리가 밝은색 크림처럼 되면 미량의 육두구로 양념한다.
7. 녹인 초콜릿을 섞어 넣는다.
8. 휘핑크림과 거품이 인 달걀 흰자위를 섞어 넣는다. 이때 거품기를 쓰지 않고 숟가락을 쓴다.
9. 작은 볼에 담아서 냉장고에 넣는다.

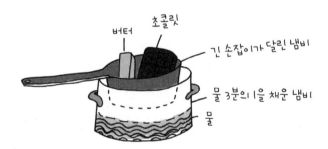

전채 요리

1. 파프리카와 양파 반 개를 깍둑썰기한다.
2. 냄비에 버터를 녹이고 파프리카와 양파를 넣어 살짝 볶는다. 설탕을
   첨가하고 잘 저으면서 갈색빛을 띨 때까지 지글지글 볶는다.
3. 채소 국물을 추가하고 5분 동안 끓인다.
4. 핸드 블렌더로 갈아 고운 죽으로 만들고 마지막으로 고운체로 거른다.
5. 사프란과 후추로 양념하고 따뜻하게 놓아둔다.
6. 먹기 직전에 휘핑크림을 적당량 섞어 넣는다.

주 요리

1. 고기를 깍둑썰기한다.
2. 파스타를 포장에 쓰인 지시대로 소금물에 삶는다.
3. 고기를 올리브유에 바삭바삭하게 굽고, 소금과 후추, 백리향으로 양념한다.
4. 접시에 담아 따뜻하게 놓아둔다.
5. 마늘과 생강의 껍질을 벗기고 잘게 썬다.
6. 고기를 구운 팬에 버터 3분의 1을 녹인다.
7. 마늘과 생강을 넣고 채소 국물을 부어 끓인다. 액체의 3분의 2가 증발할 때까지 바싹 졸인다.
8. 남은 버터를 섞어 넣는다.
9. 파스타와 고기를 추가한다. 따뜻하게 놓아둔다.
10. 아시아 채소 혼합물은 포장에 쓰인 대로 조리해서 쓴다.

완성! 테이블을 세팅하고, 초에 불을 붙이고, 휘핑크림을 수프에 넣고 먹기 시작한다!
진짜로 낭만적인 저녁이 되려면 사전에 몇 가지를 주의해야 한다.

- 재룟값은 누가 낼까? 사프란과 생강은 싸지 않다. 하지만 그 두 가지가 없어도 요리는 맛있다.
- 사프란과 생강은 누구나 좋아하지는 않는다. 양념할 때 아주 작은 양으로 시작해서 신중하게 양을 올린다.
- 부엌에서 새어 나오는 냄새는 틀림없이 온 가족을 유혹할 것이다. 그 때문에 초콜릿 무스는 만약을 대비해 양을 많이 잡았다. 네 사람도 충분히 먹을 것이다.
- 요리가 끝나고 부엌을 예전처럼 치워 놓으면 가정불화를 피할 수 있다.

참고 문헌

라푼젤 공식 머리카락을 한데 묶으면 어떻게 될까 예측하는 공식은 케임 브리지 대학교의 레이먼드 E. 골드스타인(Raymond E. Goldstein) 교수가 밝혀냈다.

석기 시대 사람들은 4년 주기 리듬으로 사랑했다. 이것은 인류학자 헬렌 피셔(Helen Fisher)가 펼친 이론이다. 저서 《우리는 왜 사랑할까…… 그리고 어떻게 하면 더 잘 사랑할 수 있을까》(2007)에서 이 이론을 주장했다.

사랑은 오래되어도 녹슬지 않는다. 사랑을 오래 한 이들의 뇌 활동이 사 랑을 막 시작한 이들과 닮았음을 증명한 연구 논문도 헬렌 피셔의 것이다.

석기 시대 사람들의 사랑과 섹스에 대해선 핀센트 판 필스테런(Vincent van Vilsteren)과 라이너-마리아 바이스(Rainer-Maria Weiss)가 엮은 책 《10만년의 섹스: 역사 속의 사랑과 성애》(2004)에서 자세히 찾아볼 수 있다.

사랑과 호르몬을 다룬 책으로는 가브리엘레 프로뵈제(Gabriele Fröböse) 와 롤프 프로뵈제(Rolf Fröböse)가 쓴 《성욕과 사랑-그저 화학작용일까?》 (2004)가 있다.

뼈를 보면 연애 스타일이 보인다. 손가락 길이와 연애 스타일의 관련성을 다룬 엠마 넬슨의 연구 논문은 2010년에 〈미국 자연인류학 저널(American Journal of Physical Anthropology)〉에 발표되었다. 인터넷에서도 찾아 볼 수 있다.

로버트 스턴버그의 사랑의 삼각형 모델을 비롯하여 사랑에 관한 중요한 과학 연구들은 만프레트 하세브라우크(Manfred Hassebrauck)의 책 《사랑

의 법칙: 우리는 왜 사랑하고, 누구를 사랑하고, 어떻게 사랑을 지켜나갈까》(2013)에 요약되어 있다.

윈스턴 처칠은 "직접 조작한 통계가 아니라면 어떤 통계도 믿지 마라."라는 말을 실제로 한 적이 없는 듯 보인다. 적어도 언제 어디서 그런 말을 했는지 찾아낸 연구자는 아직까지 없다. 베르너 바르케(Werner Barke)가 이런 사실을 알아내어 2004년에 〈바덴뷔르템베르크 월간통계회보〉(11호)에 발표했다.

남자가 여자보다 똑똑하다. 이 연구 결과는 맨체스터 대학교 심리학 센터의 폴 어윙(Paul Irwing)과 리처드 린(Richard Lynn)이 2010년에 발표했다.

여자가 남자보다 똑똑하다. 이것은 뉴질랜드의 저명한 과학자인 제임스 플린(James Flynn)이 2012년에 밝혀냈다.

남자와 여자의 언어 사용량은 투손에 위치한 애리조나 대학교의 마티아스 멜(Matthias Mehl)과 동료들이 연구했다. 연구에 따르면 여자가 하루에 말하는 단어는 남자보다 미미하게 많을 뿐이라고 한다.

석기 시대에 남자는 사냥을 하고 여자는 동굴에서 요리를 했다. 이런 고정관념은 튀빙겐의 고고학자 린다 오웬(Linda Owen)이 2005년에 출간된 책 《역사 왜곡: 유럽 후기 구석기 시대의 젠더와 노동 분담》에서 반박했다.

'사랑은 계속된다?'란 꼭지에서 제시된 숫자들은 〈파트너 4-역사적으로 비교한 동독 청소년들의 성과 파트너 관계〉(IFAS(응용 성 과학 연구소), 2013), 〈청소년의 성〉(BzGA(독일 연방 보건 교육 센터), 2010), 〈사랑! 육체! 성!〉(《브라보》 잡지 좀머 박사 칼럼, 2009) 등의 연구 결과에서 인용했다.

세계 어디서나 청소년이 사춘기를 맞을까? 이 질문에 대해선 1991년에 인류학자 앨리스 슐레겔(Alice Schlegel, 애리조나 대학교)과 심리학자 허버트 배리(Herbert Barry, 피츠버그 대학교)가 연구했다.

사춘기는 사실 기분이 우울하고 언짢은 상태다. 이 명제는 미국의 심리학자 로버트 엡스타인(Robert Epstein) 박사 등이 주장했다.

파트너 고르기, 추파 던지기, 사랑에 빠지기, 사랑하기. 이에 대한 연구는 만프레트 하세브라우크 교수의 《사랑에 대한 작은 조언: 섹스와 파트너 관계에 대한 100가지 질문과 대답》, 리하르트 다비트 프레히트(Richard David Precht)의 《사랑. 무질서한 감정》, 바스 카스트(Bas Kast)의 《사랑: 그리고 열정이란 어떤 것일까》 등의 책에서 찾아볼 수 있다.

섹스 하는 이유는 237가지나 있다. 이것은 오스틴에 위치한 텍사스 대학교 심리학 연구소의 신디 메스턴(Cindy Meston)과 데이비드 버스(David Buss)가 2000명가량의 사람들에게 질문해서 알아낸 것이다. 연구 결과는 〈성 행동 아카이브(Archives of Sexual Behavior)〉에 발표되었다.

사랑에 양념을 더해 주는 것. 이것은 캐나다 궬프 대학교의 마시모 마르콘(Massimo Marcone)과 그의 팀이 조사해서 전문지 〈국제 식품 연구(Food Research International)〉에 발표한 내용이다.

사람의 행동을 4단계로 나누는 루비콘 모델은 심리학자 하인츠 헤크하우젠(Heinz Heckhausen)과 페터 M. 골비처(Peter M. Gollwitzer)의 이론이다.

사랑 2.0 영국의 사회과학자 타라 C. 마셜(Tara C. Marshall)은 연인이 헤어지고 나서도 페이스북에서 계속 친구로 남는다면 감정의 치유가 더뎌진다는 사실을 발견했다. 또한 캐나다의 심리학자 에이미 뮤즈(Amy Muise)는 페이스북이 질투를 부채질할 수 있다는 연구 결과를 얻었다.

괴테의 베르테르는 심리적으로 병들었다. 이 명제는 독일의 문예학자 헬무트 코프만(Helmut Koopmann)이 논문 〈괴테의 베르테르-위기와 그 극복에 관한 소설〉(아우로라(Aurora) 58호/1998년, 1~17쪽)에서 주장했다.

괴테는 39세에 첫경험을 했다. 이 추측은 쿠르트 R. 아이슬러(Kurt R. Eissler)가 1986년에 출판한 책《괴테. 정신분석학적 연구. 1775년에서 1786년까지》에서 논했다.

원숭이와 정의감을 주제로 한 연구 논문은 애틀랜타에 위치한 에모리 대학교의 프란스 드 발과 새러 브로스넌(Sarah Brosnan)이 2003년에 출판했다.

키스할 땐 오른쪽이 우선. 사람들이 키스할 때 고개를 오른쪽으로 많이 돌린다는 사실은 보훔의 생물심리학자 오누르 귄튀르퀸(Onur Güntürkün)이 알아냈다.

유럽의 호모포비아와 그 근원에 대해 알고 싶은 사람은 안드레아스 치크(Andreas Zick), 베아테 퀴퍼(Beate Küpper), 안드레아스 회퍼만(Andreas Hövermann)의 연구 논문 〈타자 경시: 비관용, 편견, 차별 문제에서 유럽은 어떤 상황에 있는가〉(프리드리히 에베르트 재단, 2011)에서 자세한 내용을 찾아볼 수 있다.

십대를
위한
사랑 인문학

2016년 11월 25일 처음 펴냄
2018년 5월 31일 2쇄 펴냄

지은이 마라 안데크
그린이 콘스탄체 구어
옮긴이 정지현
펴낸이 신명철
편집 윤정현
영업 박철환
관리 이춘보
디자인 최희윤
펴낸곳 (주)우리교육
등록 제 313-2001-52호
주소 03993 서울특별시 마포구 월드컵북로 6길 46
전화 02-3142-6770
팩스 02-3142-6772
홈페이지 www.uriedu.co.kr

ISBN 978-89-8040-150-5 43300

이 도서의 국립중앙도서관 출판시도서목록(CIP)은
서지정보유통지원시스템 홈페이지(http://seoji.nl.go.kr)에서 이용하실 수 있습니다.
(CIP 제어번호:CIP2016025777)